OMAYRA FONT

MUJER, SUEÑA

D1637269

OMAYRA FONT

MUJER, SUEÑA

SUPERA TUS PROPIOS LÍMITES

WHITAKER
HOUSE
Español

Editado por: Ofelia Pérez

Mujer, sueña
Supera tus propios límites

ISBN: 978-1-64123-476-4
eBook ISBN: 978-1-64123-484-9
Impreso en los Estados Unidos de América.
© 2020 por Omayra Font

Whitaker House
1030 Hunt Valley Circle
New Kensington, PA 15068
www.whitakerhouseespanol.com

Por favor, envíe sugerencias sobre este libro a:
comentarios@whitakerhouse.com.

1 2 3 4 5 6 7 8 9 10 11 ⨆⨅ 27 26 25 24 23 22 21 20

DEDICATORIA

Quiero dedicar este libro a los dos hombres más importantes en mi vida.

Primero, a mi esposo, Otoniel Font. A pesar de que su vida está dotada de un gran llamado de parte de Dios, él siempre me ha extendido y respetado el espacio para que persiga y complete mis sueños. Cada vez que Dios ha puesto algo en mi corazón, Otoniel siempre ha facilitado el camino. Gracias, amor, por permitirme soñar contigo.

Segundo, a mi padre, William Gutiérrez, un gran soñador y visionario que siempre ve las posibilidades, ante todo. Desde muy joven, mi padre trazó y cumplió metas que parecían inalcanzables. Lo que parecía locura para muchos, fue el motor que le dio el ingenio y la fuerza a mi papá para ser una de las más grandes inspiraciones de mi vida. Te amo, papá.

Ni de mi padre, ni de Otoniel, jamás he escuchado un "no puedes" o "no debes". Dios me permitió llevar el ADN de un soñador, y vivir al lado de otro. Ambos han hecho de mis sueños, sus sueños propios. Doy gracias a Dios por la vida de ambos, y el regalo que son en mi vida.

ÍNDICE

INTRODUCCIÓN

En la tercera temporada del programa televisivo británico *Britain's Got Talent*, una mujer de 47 años dio un salto a la fama inesperado para muchos. Susan Boyle creció siendo víctima de burlas e intimidaciones. Durante su nacimiento fue privada brevemente de oxígeno, lo que la dejó con daño cerebral leve. En la escuela le diagnosticaron problemas de aprendizaje. Más adelante le diagnosticaron el síndrome de Asperger, un trastorno del desarrollo caracterizado por dificultades significativas en la interacción social y la comunicación no verbal, junto con patrones restringidos y repetitivos de comportamiento e intereses.

Susan comenzó a participar en producciones musicales en la escuela desde los 12 años. Sus maestros reconocieron su talento y la alentaron a persistir. Sin embargo, una y otra vez fue rechazada en competencias de canto. A fines de 2008 solicitó una audición para el famoso programa *Britain's Got Talent* para honrar el recuerdo de su madre, que había sido fanática del programa y la había animado a convertirse en concursante.

Cuando subió al escenario y le preguntaron sobre su sueño, ella respondió: "Estoy tratando de ser una cantante profesional tan exitosa como Elaine Paige". La audiencia se veía incrédula ante su ambición y aparente seguridad. A pesar de la duda de la multitud, Boyle decidió ignorarlos y cantó su pieza ganadora, "I Dreamed a Dream" ("Yo soñé un sueño"). En el momento que abrió su boca, los rostros de duda se transformaron en asombro. Al finalizar su interpretación, la ovación masiva de la audiencia terminó en el famoso "sí" unánime de los jueces.

La frase "Yo soñé un sueño" ha acompañado a Boyle a través de su carrera. Su primer álbum debutó número uno en las listas de Billboard en noviembre de 2009 y fue el segundo álbum más vendido del mismo año, con más de 3.1 millones de copias vendidas. Además, "Yo soñé un sueño" fue el nombre de un musical de teatro basado en su vida, que recorrió el Reino Unido en el 2012, con Boyle ocasionalmente haciendo apariciones.[1]

En muchas ocasiones he enfatizado en el hecho de que, en la mayoría de las historias de éxito, siempre vemos el esfuerzo e impulso de una mujer. Por algo se dice que detrás de cada persona exitosa, hay una mujer. Boyle no es

1. Consulta en línea: https://www.britannica.com/biography/Susan-Boyle.

la excepción, su madre fue una gran influencia, y aun después de su muerte, fue instrumento para el éxito de Susan. De hecho, mujeres como la madre de Susan son la premisa de mi libro *Partera de Sueños*.

En *Partera de Sueños* compartí acerca de la valiosa asignación divina que carga la mujer de ser el instrumento para ayudar a dar a luz los sueños de sus seres queridos. Una mujer con un propósito claro, llena de sabiduría y revelación logra cumplir todos sus objetivos divinos en la vida. Dios ha dotado a la mujer con un don especial de edificar, construir y aportar a todo el que le rodea. Es tan importante la contribución de una mujer en cualquier historia, que en el caso de Adán, la mujer vino a llenar un espacio que no pudieron llenar una relación perfecta con Dios y un mundo que funcionaba perfectamente.

Como la mamá de Susan Boyle, hay mujeres motivando y siendo el motor de los sueños de otros. El título de mi libro se inspiró en las parteras que aparecen en el libro de Éxodo, Sifra y Fúa, que fueron el instrumento de Dios para dar a luz a los niños de aquel tiempo. Así mismo hoy muchas mujeres son usadas por Dios para dar a luz los sueños de otros.

Sin embargo, hoy no quiero enfatizar en el esfuerzo de las valientes mujeres que se esfuerzan por los otros. Hoy quiero hablar a mujeres como Susan. Hoy quiero hablar a las mujeres que cargan sueños en su corazón, en su espíritu, y necesitan, como Susan, pararse en el escenario de su vida y experimentar que se abran las puertas delante de ellas al ver sus sueños realizados.

Hoy quiero hablarte a ti, mujer. Es posible que tengas un sueño dentro de ti y hoy desees conocer cómo superar los límites que hasta aquí te han detenido de alcanzar esos sueños, y anheles tener las herramientas para manifestarlos. Hoy quiero hablarte a ti, mujer, que tuviste grandes sueños y se desvanecieron delante de ti por las circunstancias, por las relaciones incorrectas o por decisiones erradas.

Muchas veces las mujeres nos encontramos perdidas entre el mundo que nos dice frases como "sueña en grande", "piensa en grande", "sigue tus sueños" o "vive tu sueño", y el mundo que nos dice que seamos realistas, que dejemos de soñar, "saquen la cabeza de las nubes", "jueguen seguras" y "no corran riesgos". Como resultado, los desafíos de lograr sus sueños pueden parecer tan difíciles y poco realistas que comienzan a desvanecerse.

¿Cuál es la diferencia entre soñar en grande o sacar la cabeza de las nubes? La diferencia está en el valor que nos damos a nosotras mismas y la realización de la relevancia de dicha revelación para los resultados que perseguimos y recibimos en nuestra vida.

En *Mujer, valórate*, el libro que precede a esta obra, te expliqué y te demostré la importancia crítica de que te valores a ti misma, como base para aspirar a todo lo mejor en tu vida. Tienes que saber lo que eres y darte valor a ti misma para que tu influencia en tu vida y la de los demás te den los resultados que deseas. Igual ocurre con la realización de tus sueños. Mientras más te valores a ti misma, más te vas a atrever a soñar con lo que parece imposible, más segura estarás de lo que te mereces, y más confiadamente lucharás por tus sueños y te moverás hacia ellos.

Perseguir un sueño a menudo significa muchos sacrificios. Aquí vas a entender cómo el manejo de tu energía, elementos como tu competitividad, potencial y capacidades, las estructuras y las disciplinas correctas te van a llevar a soñar más allá de lo que jamás pensaste, y ver todos y cada uno de esos sueños realizados. Ten ánimo y grandes expectativas del resultado que recibirás al leer este libro. Anhelo que las mujeres, aun en la madurez, aprovechen la oportunidad para volver a conectarse con el significado de sus sueños. No pienses que es demasiado tarde para ti, si es necesario. La revelación de este libro te puede llevar a crear nuevos sueños y conducirte en nuevas direcciones.

UNA MUJER SEGURA SABE QUE POSEE

ALGO MUY VALIOSO:

EL PODER DE SU FEMINEIDAD.

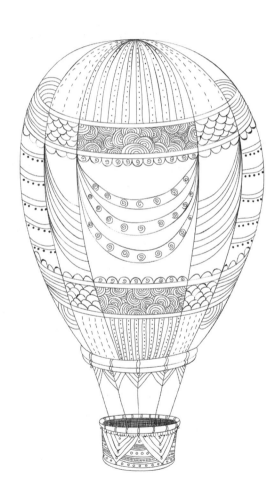

MÁS QUE UN DESEO

"No se siente tan bien como yo pensaba" es una frase que mi esposo Otoniel ha mencionado en más de una ocasión en diferentes series de mensajes. Nos sucede que muchas veces estamos enfocados en obtener algo, y erróneamente pensamos que cuando alcancemos dicha cosa vamos a sentir algo extraordinario. Pensamos que la vida nos va a cambiar drásticamente para mejor. Sin embargo, a pesar del anhelo y la expectativa que acompaña esa esperanza, hay cosas que cuando las recibimos no se sienten tan "especiales" como pensamos que serían.

Había una niña pequeña e inconforme con la vida. Nada parecía suficiente para ella. Un día, una hechicera se acercó a la niña y le dijo que cumpliría uno de sus deseos. La niña se puso muy feliz al principio, pero luego comenzó a pensar: tenía tantos deseos que eran importantes para ella que le era imposible elegir solo uno. Persiguiendo darle una valiosa lección, la hechicera le dijo que le concedería un deseo diario hasta que ella se sintiera satisfecha.

La niña pensó que sería maravilloso porque ahora todos sus sueños se harían realidad. Desde ese día, cada mañana la niña iba donde la hechicera con alegría y entusiasmo. Cada día un sueño se cumplía, y así ella se creía más cerca de su total felicidad. Los días pasaron y pronto la niña se dio cuenta de que el cumplimiento de los deseos no le producía la alegría y la felicidad que esperaba. Muchos deseos le trajeron desilusión, y algunos incluso dolor. Casi todos los sueños eran el capricho de una niña vacía.

Al recibir los juguetes que tanto anhelaba y las posesiones que siempre había soñado, de repente se dio cuenta de que no eran lo que ella esperaba. Cada día la niña se ponía más y más triste, y el cumplimiento de los deseos no la alegraba. Pronto comenzó a temer a sus propios sueños. Un día la decepción que sentía era tanta, que fue a la amable hechicera y le pidió que ya no quería recibir un deseo diario. Tenía miedo de vivir, miedo de despertarse todos los días, esperando la ejecución inminente de otro deseo. Llorando, le pidió a la hechicera que cumpliera solo uno de sus sueños: vivir como antes y disfrutar de la vida.

La encantadora hechicera tuvo piedad de la niña. Agitó su varita mágica y desapareció. La niña corrió a casa. Estaba feliz, porque sabía que ahora buscaría laboriosamente su gran sueño: no perder el tiempo con caprichos a corto plazo y que al final del día le resultaban innecesarios.

A veces pensamos que seríamos felices si todos nuestros sueños se hicieran realidad. Sin embargo, es el proceso de alcanzar nuestros sueños lo que nos enriquece y nos hace felices. El alcanzar deseos no produce la satisfacción que se espera.

Muy acertadamente, Joel Osteen publicó en sus redes sociales la frase: "La diferencia entre un sueño y un deseo es que un deseo es algo que esperas que suceda, pero a un sueño lo apoyas con acciones".[2] La gente a menudo usa los términos deseo, meta y sueño como si fueran uno y lo mismo. Los deseos, las metas y los sueños deben coexistir, sin embargo, no son lo mismo.

¿QUÉ ES UN DESEO?

Un deseo es tener un fuerte sentimiento de querer que algo suceda o querer tener algo. De hecho, el diccionario lo define como "interés o apetencia que una persona tiene por conseguir la posesión o la realización de algo". El deseo está estrechamente relacionado a la naturaleza humana, y es uno de los mecanismos que impulsan el comportamiento del ser humano. En el entorno psicológico hablamos de deseo

2. Consulta en línea: https://www.facebook.com/JoelOsteen/posts/the-difference-between-a-dream-and-wish-is-a-wish-is-something-you-hope-happens-/10160808819820227.

para referirnos al motor del aparato psíquico; es aquello que activa nuestra mente y con ello también nuestra conducta.[3]

Lamentablemente, incluso se pueden dar casos donde un deseo viene acompañado de celos, lujuria e insatisfacción. Hay personas que pueden desear algo y ser perezosas al respecto. No se trata de no desear nada en la vida. Desear cosas es normal. Si tienes hambre, deseas comida. Si tienes sueño, deseas descanso. Los deseos pueden consistir en anhelar la satisfacción para necesidades específicas como el alimento, el vestido, y la seguridad.

Pero los deseos no traen realización de logros, aunque tengan el aspecto de ser grandes logros. Por ejemplo, una persona puede desear una casa porque alguien cercano a ella acaba de comprar una casa. En otras palabras, eso es permitir que otro dicte cuáles son mis deseos.

Esto sucede más frecuentemente de lo que pensamos. A veces, vemos momentos donde muchas personas a nuestro alrededor cambian el auto en un mismo período de tiempo. O vemos a familiares comprando casas al mismo tiempo. Podríamos pensar que es casualidad, pero en realidad es el logro de unos produciendo el deseo en el corazón de los que le siguen. Cuando vivíamos fuera de Puerto Rico, en muchas ocasiones vi a familiares mudarse solo meses después de sus hermanos o padres. Cuando les preguntaba si estaba en sus planes, con sinceridad no lo estaban. Simplemente surgió como deseo al ver a otros hacer lo mismo.

---

3. Consulta en línea: https://conceptodefinicion.de/deseo/.

No puedes dejar que otra persona establezca tus deseos por ti. Tus deseos tienen que ser tuyos, no los de tu jefe, no los de tu cónyuge y no de la persona quien vino antes que tú. Son tuyos, y tú debes ser dueño de ellos o no los ejecutarás. No hay energía en los objetivos de otras personas. Solo hay energía en lo que está dentro de ti.[4] La mera búsqueda de deseos, al igual que la frase que dice mi esposo constantemente y la historia de la niña, no producen satisfacción en nuestra vida. Por eso, esa casa, ese auto, el matrimonio, o ese negocio, no se sienten como pensaste que se sentiría.

¿QUÉ ES UNA META?

Por definición, una meta es el lugar o punto en el que termina una carrera, o el fin al que se dirigen las acciones o deseos de una persona. Las metas son objetivos específicamente establecidos que estás enfocado en lograr. Definen los detalles de lo que imaginas. Las metas están escritas y tienen medidas o cronogramas adjuntos para que sepas cuándo has alcanzado o si no has logrado tu objetivo. Una meta es un sueño al que se le asigna una fecha límite. Las metas pueden ser, a su vez, una herramienta para aquellos procesos en los que se procura alcanzar el cumplimiento de una expectativa.

Los deseos y las metas se intercambian entre sí muy frecuentemente. Cada año que empieza se abre ante nosotros

---

4. Dave Ramsey, "Poniendo tus sueños a trabajar: cómo pasar de un sueño al éxito real", *Success*, enero de 2010, 25. Consulta en línea: http://www.questia.com/read/1G1-214939929/putting-your-dreams- trabajar-cómo-moverse-de-un-sueño.

promesa de un nuevo inicio, y muchos aprovechan mbustible que traen las fechas para proponerse que el próximo año sea diferente. Esas famosas resoluciones de nuevo año que muchos suelen trazar, no son sino una combinación de deseos y metas. Por ejemplo, hacer ejercicios frecuentemente está en la lista de resoluciones de fin de año. Sin embargo, todos sabemos que la mayoría de las personas, a las pocas semanas, a veces días, ya no están cumpliendo con ese compromiso, pues eso era solamente un deseo.

Así mismo, muchos desean comer más saludablemente, ir a la iglesia, estudiar. Si no se cumplen, eran solo deseos. Cuando se cumplen, es porque se convirtieron en metas, por lo tanto van acompañados de un plan y un compromiso. Y eso hace una gran diferencia.

UBICA LAS METAS Y LOS DESEOS DENTRO DE TUS SUEÑOS

Un sueño es más complejo que un deseo y una meta. Los sueños tienden a ser el material de nuestra imaginación, las cosas en las que fijamos nuestras esperanzas para el futuro. Definir claramente tus sueños en la vida puede ser la diferencia entre el verdadero éxito y simplemente sobrevivir. Un sueño sin metas trazadas no es más que un deseo. Los sueños son activos, las metas son establecidas y los deseos son pasivos. Los sueños generalmente producen un curso de acción que te dan la mentalidad y el impulso para recorrer el camino necesario para alcanzar algo. Un sueño hace establecer objetivos y metas, y te da una definición de propósito que te permite trabajar duro para alcanzarlo. También sirve como un punto focal de tu vida. Un sueño sirve como un marcador de dónde piensas estar en el futuro. Pero cuando ese futuro llega y no hemos alcanzado esos sueños, ¿qué hacemos?

Como niñas y adolescentes, la mayoría de nosotros teníamos sueños sobre nuestro futuro y la vida que llevaríamos. Estos sueños de la infancia se pueden perder por muchos motivos. Al dar forma a nuestros sueños, debemos alcanzar el interior para encontrar lo que anhelamos hacer, quiénes queremos ser y a qué nos comprometemos física, emocional y espiritualmente. A veces, se requiere de nosotras un nuevo aprendizaje. Idealmente debemos poder disfrutar de nuestros esfuerzos o actuaciones. Como dicen muchos, debemos procurar "disfrutar el camino".

Los sueños sirven como guías, porque los viejos sueños pueden hablarle al corazón de quienes somos en el día de hoy. Los sueños no tienen que convertirse en carreras; los sueños nos devuelven aspectos de nosotros mismos que brindan alegría y satisfacción. A medida que maduramos, reestructuramos constantemente nuestros sueños y fantasías personales únicas. De hecho, no reestructurar nuestros sueños para acomodarlos a nuestro presente puede ser un grave error. La creatividad que acompaña el monitoreo del proceso de alcanzar nuestros sueños, entonces, es un proceso de toda la vida que puede encontrar una expresión novedosa en diferentes fases de nuestras vidas. La creatividad adulta puede llevarnos por el innovador camino del descubrimiento que nuestros deseos de niñas y adolescentes alcanzan de una manera satisfactoria.

PONTE EN MARCHA

La escritura de Isaías 54:1-7 siempre me ha ministrado en el sentido de poner nuestras metas en marcha. Dice:

Regocíjate, oh estéril, la que no daba a luz; levanta canción y da voces de júbilo, la que nunca estuvo de parto; porque más son los hijos de la desamparada que los de la casada, ha dicho Jehová. Ensancha el sitio de tu tienda, y las cortinas de tus habitaciones sean extendidas; no seas escasa; alarga tus cuerdas, y refuerza tus estacas. Porque te extenderás a la mano derecha y a la mano izquierda; y tu descendencia heredará naciones, y habitará las ciudades asoladas. No temas, pues no serás confundida; y no te avergüences, porque no serás afrentada, sino que te olvidarás de la vergüenza de tu juventud, y de la afrenta de tu viudez no tendrás más memoria. Porque tu marido es tu Hacedor; Jehová de los ejércitos es su nombre; y tu Redentor, el Santo de Israel; Dios de toda la tierra será llamado.

Porque como a mujer abandonada y triste de espíritu te llamó Jehová, y como a la esposa de la juventud que

es repudiada, dijo el Dios tuyo. Por un breve momento
te abandoné, pero te recogeré con grandes misericordias.

La infertilidad es un tema que me toca de cerca, al igual
que a tantas mujeres. Por diez años luché con esta impo-
sibilidad. Solo las que han pasado por esta experiencia
pueden entender el gran desgaste emocional que produce
la infertilidad por su carácter cíclico. Se repite una y otra
vez la vivencia de esperanza con el comienzo de cada ciclo,
y con la llegada de cada periodo se siente el fracaso, y esto
pasa una y otra vez. El sentido de invasión a la privacidad
es inevitable ante la búsqueda de ayuda y tratamientos, que
en su mayoría no ofrecen grandes esperanzas estadísticas de
dar resultados. Las mujeres infértiles con frecuencia sufren
desesperación, pena y hasta celos de mujeres embarazadas.
A muchos les falta la sensibilidad de tratar con quien está
pasando por esta situación.

Ante ese panorama físico y emocional tan sensible,
Dios le dice a la estéril, "levántate", "da voces", "ensancha",
"alarga", "refuerza", con una palabra de esperanza que le dice
que tendrá descendencia y no será afrentada. En momentos
así, la gente buena de Dios muchas veces nos dice "espera
en el Señor y Él hará". La inacción produce atraso y des-
esperanza. Somos nosotras las que nos ponemos nuestros
propios límites, las que nos creemos que no podemos hacer
algo. En mis diez años que experimenté infertilidad, jamás
me catalogué como estéril. Creamos y creemos en nuestra

mente toda clase de excusas o interferencias para no avanzar. Claro, es más cómodo mantenerse en tu zona de confort. Es más cómodo recibir las imposibilidades de la vida como nuestro destino o desdicha.

¡Esa actitud llega hasta aquí! ¡Aprende hoy a soñar! ¡Aprende a superar tus límites ahora! Porque Dios mismo nos dice: ¡Muévete! ¡Haz! ¡Alcanza! No te quedes detenida esperando; ¡acciona y regocíjate!

TEN UNA VISIÓN BRILLANTE Y CLARA.
VE CONTRA LA CORRIENTE Y EVITA LA
MENTALIDAD DE SEGUIR A LA MULTITUD.

LA MUJER POSEE SU FUTURO
DENTRO DE SÍ MISMA.

LAS MUJERES SOÑAMOS DIFERENTE

Las mujeres seguras poseemos algo muy valioso, muy nuestro: el poder de nuestra femineidad. Nos sentimos impulsadas por un deseo innato de protegerlo, y la modestia es fundamental en nuestra naturaleza. Parte del poder de la femineidad es nuestra inclinación a actuar con compasión. Tenemos una inclinación más espontánea a responder a los angustiados, necesitados o heridos, con compasión y cuidado inmediatos. Ejercemos ese "poder blando" que da forma a la humanidad, y tenemos la capacidad de ejercer una influencia grande y sutil en el matrimonio y las relaciones domésticas.

La perspectiva de una mujer hacia el futuro y sus sueños tiende a estar más dirigida hacia una búsqueda interior de realización. La mujer posee su futuro dentro de sí misma.

Ella tiene una confianza oculta, pero profunda, en esto. Valora la intimidad por encima de la acción. Una mujer se preocupa más por ser que por hacer, y encuentra la razón de sus relaciones. Aunque las valora por encima de todo lo demás, una mujer que se valora y está enfocada en sus sueños no entra en las relaciones indiscriminadamente. Ella elige lentamente y recibe sabiamente.

Debido a que su orientación es hacia el interior, hacia las relaciones, la crianza y el anidamiento, la mujer le da mayor importancia a la seguridad. Ella valora cualidades como la confiabilidad en una pareja potencial. La mujer está hecha para conectarse con otros en muchos niveles diferentes, como emocionales y psíquicos.

Ya que estas cualidades la distinguen de manera hermosa y única, la mujer sueña de manera diferente. Nuestros sueños contienen imágenes de nuestro objetivo central de vida.

Leí que se ha encontrado que los sueños de las mujeres son más multifacéticos, y que incluimos una combinación de matrimonio y familia, carrera y objetivos personales. Aún al llegar a la mediana edad, el sueño personal de la mujer incluye imágenes de crecimiento personal, el cumplimiento de los deseos personales y objetivos individuales.[5]

---

5. Linda N. Edelstein, *The Art of Midlife: Courage and Creative Living for Women* (Westport, CT: Bergin & Garvey, 1999), 194. Consulta en línea: http://www.questia.com/read/10058728/the-art-of- vida media-coraje-y-vida-creativa-para.

Nuestra esencia es diferente y complementaria a la del hombre. Por eso tenemos que sentirnos orgullosas de ser mujeres, y amar y ejercer nuestro rol tan privilegiado. Las mujeres hablamos para comunicar sentimientos y pensamientos; tendemos a usar más palabras que los hombres. Una mujer no quiere ser igual a un hombre, pero al mismo tiempo no quiere sentir que se le trata ni se le considera inferior. En un nivel profundo y fundamental, tiene un fuerte deseo de ser guiada, protegida y cuidada, sin sentir inferioridad ni ser menospreciada. Sus sueños son cónsonos con su realidad interior.

Hay otra gran diferencia en la esencia femenina: la mujer le da más importancia a la necesidad de ayudar a los demás con su trabajo y a lograr el reconocimiento por un trabajo bien hecho, mientras el hombre quiere mayor flexibilidad laboral y más tiempo para ocio y viajes.[6]

Por su parte, el hombre descubre su identidad "allá afuera" en el mundo, donde siente su propósito más grande. Hace un gran esfuerzo al saber que tiene lo que se necesita para completar la búsqueda y realizar su tarea, y en eso se basan sus sueños del futuro. Los hombres tienen la necesidad de tener un panorama más amplio del futuro, es decir, necesitan saber qué sigue. A diferencia de una mujer, ellos no están inclinados a "abrazar", a "saborear" experiencias

---

6. Consulta en línea: https://www.tandfonline.com/doi/abs/10.1174/021347406778538212?journalCode=rrps20.

significativas, o "quedarse" en el momento. En términos generales, están ansiosos por pasar a lo siguiente.

Otra diferencia es que el hombre es un "hacedor"; y en el análisis final, sus sentimientos sobre lo que está haciendo, o sus razones para hacerlo, son menos importantes para él que el impulso y la oportunidad de hacerlo. El hombre se arriesga. Para aprovechar al máximo sus oportunidades, los varones sienten que necesitan arriesgarse. En consecuencia, una propensión a correr cierto grado de riesgo es fundamental para el personaje masculino.

Todo esto supone una cierta disposición y capacidad de "tomar el toro por los cuernos" y hacer que las cosas sucedan. El liderazgo, aunque no es necesariamente una prerrogativa exclusivamente masculina, está más profundamente arraigado en la naturaleza de los hombres y los niños. La naturaleza competitiva también es más inherente a los hombres. Ellos quieren lo mejor y gastarán una energía increíble para conseguir lo que buscan. Según sus prioridades, dirigidas a su mundo externo y a sus metas, así son sus sueños.

La mujer piensa diferente... y sueña diferente. ¿Dónde dejamos los sueños? ¿Qué seríamos sin sueños? De seguro no seríamos las mismas. Nos faltaría ilusión por la vida; todo nos daría igual. Nuestra vida sería gris y triste porque no tendríamos nada por qué luchar. Sin sueños no tendríamos ganas de levantarnos por la mañana y empezar un nuevo día porque diríamos... ¿Y para qué? ¿Y por qué? Es que cuando no hay un norte, cuando no hay definición, somos barcos a la deriva sin un rumbo fijo ni determinado.

Eso es lo que nuestras escuelas quieren evitar que suceda en esos años decisivos, esos últimos dos o tres años de nuestra formación educativa. Generalmente, antes de comenzar los estudios universitarios, nuestras escuelas nos ponen en contacto con la realidad de que nuestro futuro está en nuestras manos. Muchas veces, ya tenemos una visión de lo que queremos ser y estudiar. Sin embargo, muchas personas vienen de hogares donde no se le presta atención a ese enfoque del futuro, y es la escuela la que los orienta y guía para tomar las decisiones que definirán su futuro. Los sueños tienden a quedarse rezagados.

Terminar nuestros estudios es todo un logro. Pero decidir qué hacer con nuestro futuro no es solo para los estudiantes a punto de graduarse; es una responsabilidad que nos acompaña el resto de nuestras vidas adultas. Lamentablemente, muchas mujeres escogen el contexto familiar que anhelan, y la gran mayoría también escogen un futuro profesional. Pero ahí quedan los sueños. Mi objetivo es que puedas mirar detenidamente tu perfil. ¿Dónde estás? ¿Hacia dónde se dirige tu vida?

Tus sueños, ¿dónde están?

MÍRATE
DETENIDAMENTE.
¿DÓNDE ESTÁN
TUS SUEÑOS?

LA FÁBRICA DE SUEÑOS

El proceso de soñar gira en torno a responder cuatro preguntas importantes: qué, por qué, cuándo y cómo. ¿Qué quieres lograr? ¿Por qué quieres lograrlo? ¿Cuándo quieres lograrlo? ¿Cómo lo lograrás?

Según el Diccionario Merriam-Webster, un sueño es una serie de pensamientos, imágenes o emociones que ocurren mientras dormimos; o una idea o visión que se crea en tu imaginación y que no es real; o algo que has querido hacer, ser o tener durante mucho tiempo. Podemos definir un gran sueño de la siguiente manera: un gran sueño es un deseo sustancial o una aspiración de algo que, cuando lo logremos, creemos que cumpliría o satisfaría un anhelo o deseo interno. Un gran sueño es una idea poderosa.

Todos tenemos una lista de deseos secreta, o no tan secreta, de cosas que deseamos en la vida. Esos deseos se pueden transformar en nuestros sueños cuando van más allá de simples anhelos y se convierten en nuestro enfoque, en nuestro motor. Puede variar desde algo tan simple como querer ser una mejor persona, desear hacer una diferencia en tu vida y la de los demás, hasta cosas como conseguir un trabajo, obtener un título universitario, comprar un automóvil y una casa.

Un gran sueño es una visión audaz del futuro, una visión que te asusta y te emociona al mismo tiempo. Elige cuidadosamente lo que es realmente importante para ti. Ten una visión brillante y clara. Ve contra la corriente y evita la mentalidad de "seguir a la multitud". No tienes que encajar en ella para lograr tus sueños.

Saca a relucir tu pasión, imaginación, creatividad y una buena disposición para asumir y aceptar el riesgo. Mira el destino final en tu mente; eso te inspira y te da poder. Un gran sueño es el fuego en tu vientre que te llena de ansias de hacerte mejor a ti misma y a las cosas.

En las mujeres los sueños tradicionales incluyen casarse, tener hijos, obtener un ascenso, tener buenos amigos, llevar una vida cómoda, ser financieramente independiente, ayudar a otros, iniciar un negocio, inventar algo, viajar por el mundo, hacerse rica, retirarse temprano, hacerse famosa. Hay sueños un poco más elaborados, como ganar una medalla de oro de los Juegos Olímpicos, querer ir a la luna, viajar al espacio, querer volar y bucear a las profundidades más

profundas de un océano, ganar un Oscar. Ve pensando…
¿cuáles son tus sueños?

MIS SUEÑOS

Mi propio primer contacto con el poder de decidir mi
futuro fue en el contexto estudiantil. En un grupo de jóvenes candidatos a graduación de escuela superior, recibiendo
una orientación universitaria, un orientador nos entregó
una tarjeta pequeña en blanco, y dijo: "Escriban ahí dónde
ven su vida en los próximos cinco años". Vi a los jóvenes que
me acompañaban en esa conferencia especial decir frases
como, "¿por qué?", "¿para qué?", "¿tengo que decidir ahora?",
y "si no sé lo que quiero ¿qué escribo?".

Mi tarjeta la llené bastante rápido. Puse: "Quiero
comenzar y terminar mis estudios". Pero también escribí:
"Quiero casarme, tener hijos y tener una familia". La joven
que estaba sentada detrás de mí me preguntó: "¿Qué tú
pusiste?". Yo inocentemente le di mi tarjeta. Acto seguido,
se burló de mí públicamente por haber incluido mi deseo de
tener un esposo y una familia. A mi alrededor todos comen-
zaron a decir, "pero eso no es lo que te están preguntando",
"aquí estamos para que nos ayuden a decidir qué queremos
estudiar, no si te quieres casar". Y todo esto fue en tono de
burla.

Para mí ese fue un momento decisivo en mi vida. ¿Por
qué tenía yo que limitar mis decisiones del futuro a una

carrera profesional y no podía poner el contexto de lo que sí deseaba tener en mi futuro completo, incluyendo el área familiar? Para mis compañeros, ese era un ejercicio de llenar el espacio en blanco que les estaba pidiendo el orientador. En mi caso, yo estaba analizando mi futuro y visualizando lo que quería alcanzar. No conozco el futuro de aquella joven, ojalá haya alcanzado sus sueños y los haya hecho realidad. De mi parte, lo que tenía en mi corazón en aquel momento es lo que experimento hoy todos los días.

En aquel momento era mi deseo estudiar leyes. Sin embargo, en el momento en que el llamado de Dios tocó a nuestras vidas y nos transferimos fuera de Puerto Rico, en el centro de la Florida no había escuela de leyes. Mi esposo Otoniel conocía mi deseo de estudiar leyes, y ante la situación de que esa alternativa no estaría disponible fácilmente, dialogamos sobre las alternativas y fue mi decisión en aquel momento poner ese sueño en modo de espera. Le dije que en el momento que abrieran la escuela de leyes en el centro de la Florida, era mi deseo poner un alto al llamado de Dios, tomar el tiempo de estudiar, y al finalizar mis estudios decidir si ejercía la carrera o no.

Irónicamente, el año que nos regresamos a Puerto Rico fue el año que abrió la escuela de leyes en Orlando, Florida. ¿Qué interpreté con esto? Para mí fue evidente que ese no era el plan de Dios para mi vida. Y esa fue exactamente la razón por la cual, cuando regresé a Puerto Rico, ahora sí teniendo la oportunidad de estudiar leyes, decidí no hacerlo. En todo ese proceso, mi esposo Otoniel fue bien respetuoso y me dio el espacio de tomar las decisiones que trajeran paz a mi vida.

La realidad es que yo pude haber estudiado leyes a varias horas de distancia de donde vivíamos. Yo pude haber elegido poner en espera la llegada de nuestras hijas, condicionar mi matrimonio al panorama que esa opción de estudios ofrecía y acomodar el llamado de Dios al tiempo y espacio que quedaría disponible luego de hacer tan grande compromiso. Con sinceridad, creo que Otoniel hubiera sido un facilitador en todo el proceso, y doy gracias a Dios por eso. Pero aquella tarjeta en blanco que había tenido delante de mí años atrás, y las burlas de aquella joven, me hicieron ver que había algo más importante que yo deseaba. Y decidí, sin reservas, darle espacio a mi familia, con ello al llamado de Dios, y no me arrepiento.

Muchas veces las personas me preguntan: "¿Cómo conozco el sueño de Dios para mi vida?". Generalmente utilizo este ejemplo. Podemos tener deseo, anhelos y hacer planes, pero esos planes deben tener la apertura de ver el camino que Dios abre delante de uno, y si necesitan ser ajustados podemos hacerlo sabiendo que los planes de Dios para nuestra vida siempre son mejores. Hago la aclaración de que esto no es igual a esa actitud dejadera que tienen muchas mujeres de vivir en una inercia esperando a ver qué les trae la vida. Aun cuando mis sueños cambiaron, siempre estuve en control de ellos y con mi oído atento a la voz de Dios al respecto.

Una vez en Puerto Rico, la realización de uno de mis grandes sueños nos tocó a la puerta. Mientras vivíamos en Orlando, Florida, Otoniel y yo acostumbrábamos ir por urbanizaciones de casas viejas. Siempre me han gustado mucho los bienes raíces y cuando estábamos cerca de lugares donde había casas muy lindas, siempre le pedía a Otoniel que se desviara un poco para verlas. Contrario a lo que muchos pensarían, a mí me llamaban más la atención las casas destruidas, viejas y feas. Para mí era como un ejercicio a mi imaginación en aquel momento decirle a Otoniel "si comprara esa, le haría esto o aquello". Es que yo no veía las casas como viejas y feas; yo las veía como un proyecto que me podía permitir hacer lo que quisiera. Así que en esos momentos siempre le decía a Otoniel: "Un día quiero que compremos una casa bien fea y vieja y que la renovemos completa". Con sinceridad, yo hasta sentía una gran emoción al decirlo, sabiendo que en algún momento tendría esa oportunidad.

Cuando nos regresamos a Puerto Rico, los primeros años no tuvimos casa propia. En el momento donde me era más difícil trabajar con mi problema de infertilidad, un día Otoniel me llamó a su oficina y me dijo: "¿Te gustaría ir a comprar una casa hoy?".

Tengo que aclarar que, aunque deseaba tener nuestra propia casa y Otoniel estaba claro al respecto, nunca he sido una mujer rencillosa, porque bien dice la Biblia en Proverbios 21.9: *"Mejor es vivir en un rincón del terrado que* *con mujer **rencillosa** en casa espaciosa"*. Muchas mujeres, cuando desean algo, como casa e hijos, recurren a convertirse en goteras continuas (también lo dice Proverbios) insistiendo hostilmente con peleas y contiendas sobre algo, hasta alcanzar lo que desean. Ese no era mi caso. Yo deseaba una casa, pero no era la razón de todas nuestras conversaciones, el fin de todos nuestros argumentos, ni el enfoque único y absoluto de mi vida.

Obviamente le dije que sí al momento, y una hora después ya tenía cita con la agente de bienes raíces para vernos esa misma tarde. Créeme cuando te digo que el mismo Otoniel de repente se asustó cuando vio que me moví tan rápido. Esa tarde, en el momento que nos montamos en el auto para ir a la cita con la agente, ya no tenía la misma actitud de la mañana. Es posible que le haya entrado el frío olímpico cuando vio mi rapidez de poner en marcha su oferta de la mañana. En el auto inmediatamente me puso las cartas sobre la mesa. Me dijo: "Vamos a gastar 'tanto'"; "no te antojes de algo que no podemos pagar"; "no me voy a salir del presupuesto". Me acuerdo y me dan ganas de reír porque se veía asustado.

Salimos, y luego de ver varias propiedades llegamos a una urbanización donde sabíamos que las casas se saldrían del presupuesto establecido. Otoniel se puso nerviosísimo, y de camino a la casa que íbamos a ver, allí me dio mil advertencias más. Vimos una casa hermosa, completamente fuera de nuestro presupuesto y gracias a Dios no me dio el "tucu,

tucu" en el corazón que yo creo que Otoniel pensaba que me iba a dar al antojarme de algo que no iba a ser posible en ese momento. Pudo haber sido por las múltiples advertencias, o simplemente porque no pasó. No sé decirte con certeza.

Al salir de esa casa, pasamos por una calle donde había una casa abandonada, fea, destruida, en esa misma urbanización que era de precios muy altos para nosotros. Otoniel viró y se estacionó frente a esa casa y le preguntó a la agente de bienes raíces: "¿Y esta casa?". La agente nos explicó que no estaba en el mercado, que estaba en una disputa matrimonial, que estaba reposeída por el banco y muchas cosas más. Nunca me olvidaré cuando Otoniel me dijo: "Esta es nuestra casa". Vuelvo y te repito que de todo lo que vimos ese día, era la cosa más fea, espantosa y de horror que te puedes imaginar.

No tenía puertas, las ventanas estaban rotas, las que abrían no cerraban, y las que cerraban no abrían. Tenía una piscina llena de sapos grandes, gordos y negros. El patio era un desastre, la grama llegaba a las ventanas. La cocina estaba tan asquerosa y sucia que yo no me atrevía ni a abrir los gabinetes. Las paredes estaban destruidas con tiros. Sencillamente horrible, una pesadilla para muchos.

Finalmente compramos esa casa. Durante todo el proceso, Dios nos acompañó y financieramente es un gran testimonio para nosotros lo que Dios hizo. Cuando nuestros amigos y familiares la vieron, se asustaron. A los meses de comprarla, salí embarazada de nuestra tercera hija, Jenibelle. Entonces ahora el proyecto de arreglar esa casa no podía ser a largo plazo; ahora era inminente y con fecha de cumplimiento, porque necesitábamos el espacio para acomodar a la familia que crecía.

A los meses de nacer Jenibelle, nos movimos a la casa sin terminarla. Al comenzar a vivir allí no teníamos puertas en las habitaciones, muebles, las ventanas estaban rotas, y tampoco teníamos el dinero para hacer nada de eso. Nos movimos con lo esencial. Tantas veces había visionado renovar una casa así, que estaba segura que en su momento lo lograría. En todo esto, no puedo expresar mi alegría. Personas allegadas le llegaron a decir a Otoniel: "Pastor, no mude a su esposa y a sus hijas a esa casa, es horrible". Y mi esposo tenía que explicarles lo feliz y emocionada que yo estaba, ya que siempre había sido mi sueño tener una casa así de horrible. Claro, a mí me hubiera gustado terminarla antes de mudarme, pero las circunstancias presentes no me lo iban a permitir y eso no tenía por qué detenernos.

Hoy, diez años más tarde, ahí vivimos todavía. No es el espanto que era antes. Ahora se ve mucho mejor. No es la casa más bella del universo, pero para mí se ve perfecta. Es justo lo que yo había deseado, y he tenido la oportunidad, a lo largo de esta década, de ir haciendo cada arreglo. Tengo que admitir que lo he disfrutado demasiado. Hay momentos en que he tenido que ejercer paciencia, poner prioridades, esfuerzo, pero todo eso lo he hecho con todo el gusto del mundo, con alegría y mucha satisfacción.

TU FÁBRICA DE SUEÑOS

Te cuento de mis sueños porque muchos motivadores y entrenadores de vida te pueden decir "siéntate, ora, visiona, busca tus sueños dentro de ti". Y eso no está mal. No los critico. Yo no me considero una soñadora, una visionaria. No escribo este libro porque piense que hay algo extraordinario en mi forma de visionar la vida. Yo me considero una persona normal, común y corriente.

Cuando analizas mis sueños, ves que son el producto de mis experiencias de vida, de las cosas que en algún momento han despertado una pasión dentro de mí. Y de eso deben estar constituidos tus sueños. Deben ser el producto de visionar más allá del momento presente y darle forma al camino que hay que recorrer para llegar a ellos. Tus sueños deben ser el producto de tus deseos, mezclados con tus decisiones y el rumbo que vas a permitir que tomen.

Tu fábrica de sueños son las experiencias de tu vida que te llevan por un caminar único, que nadie más va a recorrer. Tu fábrica de tus sueños es conectarte contigo misma y permitir que esa puerta de tu imaginación se abra para ver más allá de tu situación presente y dar paso a tu futuro.

"Todos los objetivos comienzan con un sueño. Es bueno tener un sueño, pero conozco a muchas personas que han estado orando por su sueño durante veinte años y no han hecho nada al respecto. Todos tienen una gran idea. Pero no todas las personas trabajan para ellos".[7]

Muchas mujeres no tienen objetivos claros, ni a corto, ni a largo plazo. No es que no piensen en su futuro, simplemente lo hacen de forma imprecisa, sintiendo que no pueden hacer nada en el presente para alcanzar sus metas del futuro.

¿Qué soñabas ser o hacer cuando niña? ¿Cómo te sentías hacia eso? ¿Qué retroalimentación recibías sobre ellos de las personas más cercanas, de tu escuela, de tus amigos? ¿Has realizado alguno de aquellos sueños? ¿Cuáles son tus sueños, deseos y anhelos hoy? ¿Qué estás haciendo para lograrlos?

¿QUÉ TE HA IMPEDIDO REALIZAR TUS SUEÑOS?

Tal vez estás muy cómoda y conforme en tu trabajo o estilo de vida, y estás resistiendo los cambios que implica realizar tus sueños, aunque estos traigan a tu vida lo mejor o una mayor autorrealización. El crecimiento es la ley de la vida, pero requiere cambio. Si no te mueves de donde estás, no puedes progresar. Mientras más hagas lo que estás haciendo, más obtendrás de lo que tienes.[8]

---

7. Dave Ramsey, "Poniendo tus sueños a trabajar: cómo pasar de un sueño al éxito real" *Success*, enero de 2010, 25, http://www.questia.com/read/1G1-214939929/putting-your- sueños-a-trabajo-como-moverse-de-un-sueño.
8. Brian Tracy, *Reinvention: Cómo hacer que el resto de tu vida sea lo mejor de tu vida* (Nueva York: American Management Association, 2009), 49, http://www.questia.com/read/120731698/reinvention-how-to -haz-el-resto-de-tu-vida-la.

Otro impedimento para lograr tus sueños puede ser que sea "jugar a lo pequeño", como la mayoría de las personas. Dicen que sueñan con lo grande, pero "permanecen en el lado receptor en lugar del lado creador. Piden o incluso suplican por lo que quieren, en lugar de afirmar que ya lo tienen. Sin embargo, no extienden su intención... eso que desean... para lograr vivir en grande. En otras palabras, no expanden su tamaño energético... para acomodar la amplitud de su sueño."[9]

Como niños y adolescentes, la mayoría de nosotros teníamos sueños sobre nuestro futuro y las vidas que llevaríamos. Estos sueños de la infancia se perdieron en el trabajo diario de la vida adulta. Algunas mujeres, en la edad adulta, aprovechan la oportunidad para volver a conectarse con el significado de sus sueños. Crean nuevos sueños adultos para señalarlos en nuevas direcciones.

Al dar forma a nuestros sueños, debemos alcanzar el interior para encontrar lo que queremos hacer, quiénes queremos ser y a qué nos comprometemos emocionalmente, porque cuando los sueños incluyen objetivos que aumentan la competencia personal o requieren un nuevo aprendizaje, generalmente disfrutamos de nuestros esfuerzos o acciones.

---

9. Aimee Bernstein, *Menos estrés. Logre más: formas simples de convertir la presión en una fuerza positiva en su vida* (Nueva York: AMACOM, 2015), 220, Consultas en línea: http://www.questia.com/read/126666072/stress-less-achieve-more-simple-Formas de girar la presión; https://www.questia.com/library/120094548/stress-less-achieve-more-simple-ways-to-turn-pressure.

Cuando perseguimos actividades simplemente porque queremos hacerlo, es probable que nos fascinemos y sigamos fascinadas y absorbidas por ellas. En los adultos se ha demostrado que la motivación interior contribuye a una participación productiva en el trabajo, el juego y las actividades creativas. Por el contrario, cuando los sueños se basan en buscar juicios favorables de otros, respondemos mal y nos rendimos más fácilmente, evitamos desafíos, experimentamos ansiedad y nos disminuye la autoestima. Concentrarse en las recompensas externas reduce la participación emocional y aumenta los sentimientos negativos.

Los sueños sirven como guías porque los viejos sueños pueden hablar al corazón de quienes aún somos. Incluso si convertirse en una estrella de rock está fuera, el baile está dentro. Los sueños no tienen que convertirse en carreras; los sueños nos devuelven aspectos de nosotros mismos que brindan alegría y satisfacción.[10]

Te pregunto otra vez: ¿Qué soñabas ser o hacer cuando niña? ¿Cómo te sentías con respecto a eso? ¿Cuáles son tus sueños, deseos y anhelos hoy?

Al contestarte las preguntas, puedes formular tus sueños propios. Esos sueños deben ser auténticos. Tuyos y de nadie más. Personales y hechos a tu medida para motivarte a ti. Tus sueños van a estar llenos de valentía. El futuro

10. Linda N. Edelstein, *The Art of Midlife: Courage and Creative Living for Women* (Westport, CT: Bergin & Garvey, 1999), 196. Consulta en línea: http://www.questia.com/read/10058730/the-art-of- vida media-coraje-y-vida-creativa-para.

luce incierto, pero no lo es. Por medio de nuestros sueños le damos definición, y la valentía nos permite perseguirlos. Tus sueños van a ir de la mano de tu propósito. Fíjate, que no estoy hablando de cosas grandes o pequeñas, estoy hablando de tu diseño individual, único y particular que te llena y te motiva a ti.

Si nunca has tenido esta orientación a la vida, o si la has tenido, pero ha quedado frustrada, los capítulos que se avecinan cambiarán algo dentro de ti. Es posible que cuando hablen de ti no te definan como la mujer más soñadora del mundo, ni la visionaria más destacada, pero tú sabrás que dentro de ti hay una fábrica de sueños que dio lugar al presente que disfrutarás en tu futuro.

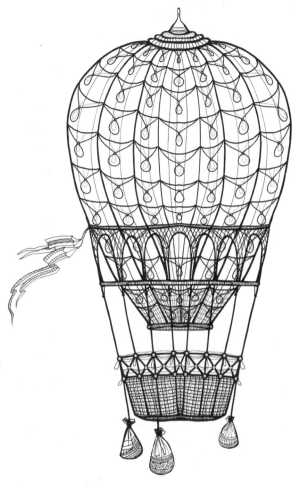

TU FÁBRICA DE SUEÑOS SON LAS
EXPERIENCIAS DE TU VIDA QUE TE
LLEVAN POR UN CAMINAR ÚNICO QUE
NADIE MÁS VA A RECORRER.

TUS SUEÑOS DEBEN SER AUTÉNTICOS.

TUYOS Y DE NADIE MÁS.

IMÁGENES CONCRETAS

El cumplimiento de nuestros sueños no llega de la noche a la mañana. Tenemos que considerar el factor tiempo. En el tiempo de la espera se corre el riesgo de desesperarse, desanimarse, darse por vencidas o quedarse estancadas. En cada una de esas etapas o procesos, se pueden experimentar logros que nos llevan adelante en nuestros sueños. El tiempo de espera tiene sus altas y sus bajas.

Muchos elementos nos pueden ayudar a pasar esos momentos de altas y bajas. El que voy a describir a continuación ha sido parte de mi vida desde muy joven. No lo leí en un libro de nueva era, ni de motivación, aunque muchos libros hablan y explican este concepto. La revelación me llegó del libro más importante en mi vida: la Biblia. Habacuc 2:2 dice: *"Y Jehová me respondió, y dijo: Escribe la visión, y declárala en tablas, para que corra el que leyere en ella"*.

Esta escritura me inspira mucho porque en los versos que siguen, dice dos cosas muy importantes para mí y relevantes para el principio que te explico a continuación. *"Aunque la visión tardará aún por un tiempo, mas se apresura hacia el fin, y no mentirá; aunque tardare, espéralo, porque sin duda vendrá, no tardará."* (v. 3) Primero dice, parafraseando el verso tres, aunque la visión tardare por un tiempo, sin duda llegará. Y, luego, nos dice en el verso cuatro, esa frase que repetimos mucho los cristianos: *"el justo por su fe vivirá"*.

En otras palabras, Dios está diciendo: "Necesitas una visión para saber a dónde vas. Durante el tiempo de la espera, tu fe te ayudará". Por causa de ese verso, desde muy joven siempre me gustó escribir en mi espejo frases que me hablaran de las cosas que estaba esperando. Más adelante, producto de la lectura y estudios, llevé esa costumbre a una visión más elaborada, con imágenes, lo que hoy llamo un tablero de sueños. Así, en mis tiempos de espera siempre tenía donde poner mi mirada, visionar, creer y activar mi fe.

Nuestra fe no es otra cosa sino, según nos dice la misma Biblia en Hebreos 11:1: *"Es, pues, la fe la certeza de lo que se espera, la convicción de lo que no se ve"*. Cuando algo no se ve en el mundo natural, podemos verlo en nuestra imaginación y plasmarlo en lo que llamo un tablero de visión para apoyar eso por lo que estamos creyendo.

Aun la psicología apoya lo que hace años recibí como un principio espiritual. Mary Morrissey, quien hace más de dos décadas escribió su famoso libro "Building Your Field of Dreams" (Construyendo tu campo de sueños), explica algo que me impactó y que nunca había visto de esa manera. Si le digo a una de mis hijas, "ve a tu habitación y busca los zapatos negros", ella no ve en su mente la palabra "h a b i t a c i ó n". Ella no pregunta: "¿Habitación?, mamá, ¿qué es eso?". Ella sabe lo que es su habitación y va directo a ella a hacer lo que se le pidió. Las palabras crean imágenes y con la dirección correcta nos movemos hacia donde nos dirigen las imágenes que nos hacemos en la mente.

¿Te ha pasado que alguien te pide una dirección y le respondes: "Sé cómo llegar, pero no sé cómo explicarte?". Sucede que la imagen de esa ruta específica está en nuestra mente, y paso a paso nos dirigimos a ella. Nuestra mente no puede avanzar en una dirección que no conoce. Si nunca has ido a esa dirección y alguien te explica cómo llegar, en tu mente vas construyendo el camino e idealmente, cuando llegue el momento, sigues la ruta que te pintó tu mente.

El reto para algunos viene cuando se dan cuenta de que muchas de las cosas que soñamos no tienen una imagen concreta. Es que cuando nuestros sueños no están definidos y se componen de frases generales como "viajar", "ser mejor persona" o "mejorar mi salud", crear un tablero de sueños puede ser un gran reto. ¿Cuál es la imagen de "viajar", "querer ser un mejor ser humano", "mejorar nuestra salud"? Esos conceptos son "ideas" y no cosas en particular. En el proceso de alcanzar nuestros sueños a todas nos corresponde definir esos conceptos, de manera que podamos tener una imagen clara de lo que significan para nosotras.

Algunos de nuestros sueños sí son imágenes concretas, pero aun así no les damos una definición específica. La "imaginación" no es otra cosa sino pensar en imágenes. El mercadeo y las grandes firmas entienden esto, por eso sus campañas publicitarias van dirigidas a hablar a tu mente por medio de imágenes. El poder de una campaña publicitaria no estriba solamente en lo que se dice en el anuncio. El verdadero valor de una campaña publicitaria está en la imagen y las emociones que evoca y va a plasmar en el receptor.

Querer "una casa", y querer una casa en una urbanización en específico con tres habitaciones, dos baños, un patio grande y de una sola planta son dos cosas muy diferentes. Mientras más detallada seas en las imágenes que concibas de tus sueños, mejores resultados tendrás. Antes de tener tus sueños, tienes que verte a ti misma obteniendo esos sueños. Eso es lo que alcanzamos a través de un tablero de sueños: ponemos delante de nosotras una imagen y la usamos como punto de contacto para vernos en ella.

No te imaginas la diferencia que mi tablero de sueños hizo para mí durante los años que peleamos en las cortes con dos bancos en Puerto Rico. Yo nunca fui a ninguna de las vistas en corte, pero a través de mi tablero de sueños y mis oraciones, por supuesto, estuve allí. Escuchaba a Otoniel hablando de que "la jueza, y la jueza", y un día me fui a mi tablero y añadí una imagen a tantas que tenía allí plasmadas. Busqué una foto de una mujer juez. En la foto ella estaba favoreciendo con su pequeño mallete a la derecha, y en esa dirección puse el logo de la iglesia bien grande, casi ocupando todo el espacio. En el lado contrario puse los logos de los dos bancos, muy pequeñitos.

En el libro *Mujer, valórate* les conté un poco de esta experiencia. Por años, allí estaba esa imagen en el baño de nuestra habitación matrimonial. En el mundo natural, los bancos eran el gigante Goliat con sus catorce firmas de abogados, y nosotros, el pequeño David con un solo abogado. En mi imagen, nuestro lado era mayor y aquella imagen a mí me pintaba que tendríamos la victoria.

No siempre lucía así en el mundo natural. Hubo muchas altas y bajas. Fueron nueve años de lucha. Pero al final, la imagen que había plasmado y que tanto Otoniel y yo veíamos todos los días se hizo realidad. Con lágrimas en nuestros ojos, y un gran alivio en nuestro corazón un día removimos esa imagen de nuestro tablero de sueños, dando gracias al Dios Todopoderoso que nos sostuvo durante ese tiempo. Sin esa imagen ahí aportando a nuestra fe, estoy segura de que esos momentos de baja hubieran sido aún más difíciles.

Todos los años hago el ejercicio de construir un tablero de sueños con las Divinas, mi grupo de mujeres en Facebook. Aunque dentro de muchas mujeres hay un instinto innato que nos hace fluir en la creatividad, me impresiona mucho la cantidad de mujeres que, dentro del grupo Divinas, me escriben diciendo que no saben ni por dónde empezar a hacer un tablero de visión. Muchas saben lo que quieren, y tienen delante de ellas un espacio en blanco, ya fuera un papel, una pared o un tablero, y no logran poner allí sus sueños.

Seguro que algún día fuiste al supermercado sin una lista. Te pasó lo que nos pasa a todas. Olvidamos cosas que necesitamos y compramos cosas que no necesitamos. Y parece tonto. Muchas veces pensamos que estando en el supermercado no se nos va a olvidar. Si caminamos todo el súper, le vamos a pasar por el frente. Aun así, nos pasa; se nos queda muchas veces lo principal que fuimos a buscar o aquello que era tan importante que no pensamos que se nos olvidaría.

Yo, gracias a Dios y a la tecnología, ya no voy mucho al supermercado porque ahora hago mis compras en línea y me entregan en la casa. Pero cuando iba constantemente, o si tengo que ir, por regla general no entro sin tener una lista, y tampoco hago la fila si no he verificado mi lista. Siempre lo hago así. No pierdo tiempo, no camino por los estantes mirando todo. Yo entro, busco lo que necesito y salgo. Así mismo vamos a entrar a nuestro futuro cuando tengamos completado nuestro tablero de sueños.

Uno de los más grandes logros de plasmar nuestros sueños en un tablero de sueños es que no te queda de otra, sino pensar en el futuro. Lamentablemente, muchas mujeres viven pensando en su pasado, o buscando la manera de salir de su pasado, cuando la respuesta está en dejar el pasado atrás y comenzar a visualizar el futuro. Un tablero de sueños es poner tu visión en papel.

Hoy te exhorto a plasmar tus sueños en un tablero de visión. Al hacerlo, no solo es un recordatorio de tus sueños y una imagen concreta de lo que esperas, sino que también se convierte en un compromiso contigo misma para no dejar de creer. Aun para tu tiempo de oración te sirve en gran manera cada imagen plasmada.

UN GRAN SUEÑO ES UNA VISIÓN AUDAZ DEL FUTURO, QUE TE ASUSTA Y TE EMOCIONA AL MISMO TIEMPO.

CÓMO CREAR TU
TABLERO DE SUEÑOS

Antes de enseñarte cómo hacer tu tablero de sueños, quiero enfatizar dos condiciones:

- ✦ Debes ser muy clara y específica con respecto a cuál es tu sueño, qué quieres lograr, por qué quieres lograrlo, cómo lo lograrás (si conoces el "cómo") y cómo medirás el progreso.

- ✦ Tu gran sueño tiene que ser muy claro en tu mente; tienes que poder verlo, probarlo, olerlo y articularlo. Debe salir por todos tus poros.

Ahora, vamos a crear tu tablero de sueños, paso por paso.

1. Encuentra el área donde lo vas a exhibir. Un tablero de sueños puede ser algo personal, que solo tú veas. En ese caso, debes exhibirlo en lugares donde solo tú tengas acceso. Por ejemplo, detrás de la puerta de mi closet, un área que ni siquiera mi esposo Otoniel ve constantemente, acostumbro a poner algunos tableros más pequeños. En mi juventud, lo ponía en mi espejo. La clave es que sí sea visible para ti y que esté en un lugar donde tú lo vas a ver todos los días.

Un tablero de sueños puede ser algo familiar, ya sea del matrimonio o de toda la familia. Yo también soy muy exigente con la casa, el orden, la decoración. En ese caso, es más retador exhibirlo. Puede ser en la nevera, la sala familiar, el pasillo a las habitaciones; áreas que toda la familia puede ver todos los días. Para la familia no solo es un recordatorio; es un compromiso de todos. Y siendo así, debes establecer con ellos qué van a hacer a diario con su tablero. No es tenerlo allí y ya. *Todos los días pueden orar con el tablero, o cuando pasen por allí ponerle las manos y declarar una Palabra.* Toda la familia en común acuerdo es algo poderoso.

En el caso del matrimonio, la habitación matrimonial es ideal. Aun cuando los hijos accedan allí constantemente, para ellos ver que papá y mamá tienen una visión en común, representa más de lo que imaginas, y lleva un mensaje contundente de unidad y futuro para nuestra familia.

Una vez que determinas su localización y para quiénes es el tablero (y no te limites… si tienes que hacer tres tableros diferentes, hazlos), entonces…

2. Plasma la imagen de lo que sueñas. Cuando vayas a dar este paso, recuerda que tu tablero es tu visión del futuro. No escojas imágenes de tu situación presente, de cómo te sientes hoy, o de tu trabajo ahora. Mira lo que quieres en el futuro, empezando por —pero no limitándote— las cinco áreas mínimas que debes incluir en tu tablero de sueños:

a. **Bienestar-** Recuerda que bienestar cubre tu salud física, emocional y psicológica, tu concepto de felicidad y lo que te produzca una sensación de plenitud.

b. **Relaciones-** Busca visionar cómo quieres que sean tus relaciones de hoy, qué nuevas relaciones deseas en tu vida, su nivel y cómo quieres que favorezcan tu vida. Incluye relaciones laborales, familiares, matrimoniales, de negocios y de amistad.

c. **Vocación-** Si estás feliz en tu presente vocación, visiona el progreso que deseas alcanzar. Si tu sueño es cambiar de vocación y tener éxito, escribe y busca ilustraciones alusivas a tus más altos deseos.

d. **Tiempo-** Los sueños sin tiempo de cumplimiento son solo metas que no sabes si vas a alcanzar. Cada sueño plasmado en tu tablero debe tener una fecha de cumplimiento.

e. **Finanzas-** No te limites por lo que otros llaman "las realidades de la vida" cuando plasmes tus sueños financieros. Aclara tus aspiraciones en cuanto a salario, ganancias o, simplemente, ingresos, aunque ahora ni sepas de dónde los vas a recibir. Ve por tus más grandes sueños.

3. Toma el tiempo de escribir todo lo que deseas. Escribe una descripción detallada de cómo se ve el objetivo final. ¿Qué tipo de persona serás al final de tu sueño? Visualiza esta realidad futura y obsérvala intensamente en el ojo de tu mente. Observa cuidadosamente todas las cosas que estarías haciendo en ese momento y deja que esta imagen guíe tu camino.

Si tu tablero de sueños es familiar, será una experiencia maravillosa que todos aporten con su visión de esos sueños, pero te recomiendo ser moderadora, porque cuando una familia es grande, como la mía, se puede convertir en una locura y una conversación interminable. Ve bien clara con el objetivo en mente: pintar una imagen del futuro que nos ayude a creer a todos.

Tanto para el tablero familiar como para el tablero individual, primero necesitas un listado de lo que se va a plasmar. Un listado claro hará que las ideas fluyan y las imágenes sean más fáciles de concebir y conseguir.

De ese listado saldrán frases claves que puedes plasmar en el tablero de sueños como tal. Por ejemplo, puedes escribir la frase "$10 millones en ingresos para tal fecha". Puedes hacer como hizo el comediante norteamericano, Jim Carrey, quien en 1985 se escribió un cheque a sí mismo con fecha de Acción de Gracias del 1995 por la cantidad de $10 millones y en el memo escribió "por servicios de actuación", mientras soñaba con entretener al mundo con su comedia.[11] Justo antes de la fecha que había puesto en el cheque, Carrey firmó el contrato para la película "Dumb and Dumber" ("Tonto y Retonto") y su paga fue precisamente esa.

Tu tablero de sueños podría estar compuesto solamente de frases. En mi experiencia, es mucho más emocionante, llamativo y cumple mejor su propósito cuando tiene imágenes. No puedo enfatizar lo suficiente que hagas tu representación visual con imágenes reales (fotos tomadas por ti) o imágenes de la Internet que representen lo que deseas. Si sueñas con unas vacaciones, pon fotos del lugar que anhelas visitar. Si sueñas con casarte, pon una foto de una pareja vestidos de novios, o una fiesta matrimonial. Si sueñas con una empresa, pon fotos de cómo visionas tu oficina, o del producto que vas a vender. La realidad es que en términos de plasmar con imágenes, tu creatividad es tu único límite. En el pasado yo me valía de imágenes que cortaba de revistas o fotos tomadas por mí. Y literalmente, cada vez que veía algo que me podía servir, recortaba y pegaba. Hoy la Internet y las impresoras personales nos facilitan mucho el trabajo. Además, hay muchos elementos disponibles en las

---

11. Consulta en línea: (https://artplusmarketing.com/what-i-learned-from-jim-carrey-fc6fbb2c0620).

tiendas donde venden artículos para *scrapbooking*[12] o tiendas de arte.

4. Monta tu tablero como si fuera un "collage", con las frases importantes y las imágenes que tengas. Muchas personas se enfocan en hacerlo hermoso. Nada incorrecto con eso. Pero más que ser hermoso…

5. Busca que sea significativo, de manera que cuando mires ese tablero ciertamente tus emociones se vean tocadas, que te emocione, que encienda esa llama que dentro de ti te va a mantener luchando y creyendo por esos sueños.

Tampoco pongas tanto en el tablero que te cueste trabajo recordar qué representa cada foto. Una vez más, tienes que ver este tablero como tu plano personal del futuro. ¿Cómo se construye una casa? Se requiere un dibujo, un esquema, un plano. Mientras se construye esa casa, de repente no hay nada, luego se pone el fundamento, más adelante el esqueleto de la casa, y hasta que está formada, y no la ves en el mundo natural; muchos piensan que no existía. ¡Claro que sí existía! Ese plano, ese dibujo, demuestra que sí existía en la mente de un ingeniero o arquitecto que lo plasmó en ese dibujo. Tu tablero de sueños es ese plano; te muestra el resultado final de lo que esperas que suceda en tu vida.

6. Al finalizar tu tablero, analízalo. ¿Contiene todo por lo que estoy creyendo? ¿Está suficientemente claro para que con una sola mirada reciba la imagen correcta? ¿Está

---

12. El arte de decorar álbumes.

localizado estratégicamente para ser parte de mi diario vivir? ¿El material usado es duradero? O sea, el trabajo que has pasado debe rendir resultado, y no sabemos el tiempo que tendrán algunos elementos en tu tablero.

7. Actualiza tu tablero. En el momento que recibas alguna de esas peticiones, recuerda hacer algo especial. Si te das cuenta que algo falta, o que alguna de tus imágenes ya no esté surtiendo el efecto que necesitas, haz el cambio necesario para que lo que evoque tu tablero de visión en ti sea motivación, felicidad, tus emociones afloren y te ponga en el ánimo de acción.

Algunas personas preparan un tablero anual. Eso está bien porque te permite analizar el progreso año a año, pero en realidad puedes hacer un tablero como entiendas que será más efectivo para ti. La idea de renovarlo o analizarlo anualmente es muy buena, siempre y cuando no estés cambiando tus sueños cada año, producto de la frustración que podrías sentir al ver que pasa un año más sin alcanzar algo específico.

8. Préstale atención. Por mejores y efectivas que sean las campañas publicitarias, las grandes compañías invierten millones para hacerlas aún más efectivas, más emotivas, más penetrantes. No hagas un tablero de visión y lo dejes ahí sin darle la atención. Dedícale el cuidado y el seguimiento que requiere un elemento que definitivamente hará una gran diferencia en tu vida y en tus resultados. He leído cientos de biografías y escuchado muchas historias de éxito. Un elemento en común en muchas de ellas son los tableros de visión.

Para que tu tablero de visión cumpla con la misión de sumergirse en la parte más profunda de tu mente, préstale atención cada oportunidad que tengas. La manera más efectiva y espiritual de prestarle atención es orando sobre ello. En tu tiempo de oración ve a tu tablero y declara la Palabra sobre cada área que tengas ahí representada. De hecho, no encuentro un mejor lugar para orar en tu casa, que frente a tu tablero de visión.

La realidad es que una y otra vez el Señor hace uso de imágenes a través de su Palabra para proyectar una visión futura y mantener enfocado a su pueblo. A Abraham le dio la arena de día y las estrellas de noche para visualizar su descendencia (ver Génesis 15:5). Lo que Dios nunca hace es poner una imagen del pasado delante de ti.

Desarrolla, además del tablero, un mapa de visión mental para tu sueño. Tu gran sueño debería hacerte sentir emocionada y asustada al mismo tiempo. Cierra los ojos, avanza rápidamente hacia el futuro e imagina que has logrado tu sueño. ¿Cómo te sentirías?

SÉ CREATIVA; HAZ UN TABLERO DE VISIÓN QUE TE HABLE

A mí me gustan los tableros de visión grandes, llamativos y coloridos. Pero así es mi personalidad. Tu representación visual debe hablarte a ti. Debe ser llamativa para ti de acuerdo con tu gusto y tu personalidad. Si no te gusta el brillo, no le tienes que poner brillo porque otras tengan brillo. Pinta, recorta, y pega aquello cuyo resultado sea un mensaje para ti y donde puedas ver tu destino plasmado claro y fuerte.

Tu tablero de visión puede hasta ser digital, un cuadro digital donde pasen las imágenes de tu visión, o la pantalla de tu computadora o tableta con las fotos de la representación de tus sueños.

Uno de los grandes efectos que va a tener tu tablero de visión en tu vida es que va a sacar tu mirada y tu atención de tu pasado para enfocarte en el futuro. Mientras revives el pasado, no estás visionando el futuro glorioso que Dios tiene para ti. Igual que no puedes avanzar en una dirección sin definición, tampoco puedes moverte en dos direcciones al mismo tiempo. En lugar de analizar tu pasado, razona tu entrada a tu futuro. No hay nada que buscar en tu pasado; enfócate a tu futuro. Para eso, tu tablero de visión es tu arma secreta. Hazlo ya y no mires más hacia atrás.

NO SEAS TÍMIDA. NO SEAS PROMEDIO. PERSIGUE TUS SUEÑOS Y SIGUE A TU CORAZÓN.

UN GRAN SUEÑO ES EL FUEGO EN TU
VIENTRE QUE TE LLENA DE ANSIAS DE
MEJORARTE A TI MISMA Y HACER MEJOR
TODO LO QUE TE RODEA.

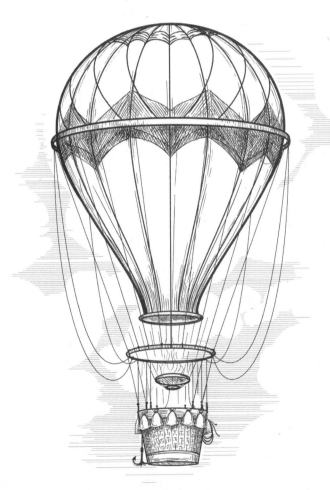

SUEÑOS ROTOS

La canción de Susan Boyle que te comenté al principio tiene un verso que toca la fibra del corazón de quien ha tenido una desilusión y ha visto sus sueños desvanecerse. El verso al que me refiero dice:

"But the tigers come at night
With their voices soft as thunder
As they tear your hopes apart
And they turn your dreams to shame".

En español,

"Pero los tigres vienen de noche
Con sus voces suaves como truenos
Mientras destrozan tus esperanzas
Y convierten tus sueños en vergüenza."

En ese verso se plasma la desilusión y destrozo que se siente cuando nuestros sueños se desvanecen delante de nosotros... lo que sentimos cuando se rompe una relación que comenzamos con mucha ilusión, cuando perdemos un negocio que comenzamos con tanto esfuerzo, cuando sufrimos una desilusión al no recibir algo que esperábamos con anhelo. ¡Cuántas canciones tocan la fibra de nuestro ser porque nos recuerdan momentos tristes y desencantos vividos! Por ejemplo, "Piece by Piece" (Pedazo por pedazo) y "Because of You" (Por tu causa) de la cantante Kelly Clarkson narran la desgarradora experiencia que vivió la cantante por causa del divorcio de sus padres y el abandono de su padre cuando ella tenía seis años.

Una y otra vez he llorado al ver a Kelly Clarkson interpretar la canción "Piece by Piece" en la temporada de despedida de *American Idol*.[13]

Pienso en Kelly, a los seis años, y la imagen de ese padre saliendo de su vida. A tan tierna edad enfrentarse con la incertidumbre del futuro es demasiado fuerte. Al escuchar canciones interpretadas con tanto sentimiento, no podemos dejar de pensar en nuestros propios tropiezos, fracasos, y momentos en los que alguien nos ha sacudido la vida dejándonos inciertas acerca de nuestro futuro.

---

13. Consulta en línea. https://www.youtube.com/watch?v=tuunqfdz388.

¿TE EQUIVOCASTE?

Hay una frase que se usa constantemente en Puerto Rico, que dice "lo que no te mata, te fortalece". ¿Te has equivocado alguna vez? ¿Has tomado decisiones erradas? Es seguro que en algún momento de tu vida hayas cometido una impertinencia. Igual, es seguro que en algún momento de tu vida te hayas propuesto algo con mucho empeño y no lo hayas completado. No tengo la menor duda que de la misma forma en algún momento de tu vida has esperado algo con mucho entusiasmo e ilusión, y no ha pasado. Hablo con tanta seguridad de esto, e incluyo a todas las lectoras de este libro, porque estoy segura de que así es.

Cuando experimentamos un fracaso personal, uno de los peores sentimientos que podemos experimentar es pensar que solo a nosotros nos pasa algo así. Tú no eres la única persona que ha cometido errores en el mundo. Tú no eres la única persona que se ha propuesto algo y no ha cumplido algo consigo misma. Tú no eres la única persona que ha esperado algo que no ha sucedido. Al decir esto no estoy justificando tus errores. Pero sí es importante que tengas en perspectiva que todo el mundo se equivoca. El equivocarse crea inseguridad y frustración, pero luego de aceptar que equivocarse es parte de la vida, podemos hacer mucho con nuestros fracasos personales.

De nuestros errores podemos aprender. ¿Has enseñado a caminar a un bebé alguna vez en tu vida? Nunca voy a olvidar el proceso hermoso de cuando enseñé a mis cuatro hijas a caminar. Uno lee, busca, se prepara mental y emocionalmente para que nuestros hijos den ese primer paso, con sus piernitas temblorosas y torcidas. ¡Qué nervios sentimos! Pero no podemos detenerlos. Sabemos que se van a caer, y cuando se caigan, los levantaremos y ellos aprenderán. Eso es parte del crecimiento. ¿Pueden aprender a caminar sin caerse? Difícilmente, por no decir que es imposible.

Ahora, ¿te has preguntado alguna vez qué pasa en el cerebro de un bebé mientras aprende a caminar? Yo me preguntaba eso cada vez que pasaba ese proceso con mis hijas. Cuando se caían me preguntaba, ¿qué estará pensando? Cada vez que las levantaba y enderezaba para que volvieran a intentarlo, me preguntaba si ellas pensaban que yo quería que sintieran dolor. O si pensaban que quería que se cayeran. Yo no dejaba de pensar en, ¿cómo estará su mente resolviendo este proceso? La explicación científica no la tengo. Solo conozco el resultado del proceso. Se cayeron. Se levantaron. Aprendieron.

¿Has escuchado alguna vez alguna historia de alguien que de bebé se haya caído aprendiendo a caminar y haya decidido mejor quedarse inválido? Estoy segura que jamás has oído algo así. Todos nos caímos aprendiendo a caminar, y de esas caídas nos levantamos y hoy estamos en pie. Sin embargo, a pesar de que todos pasamos por esa experiencia por igual, no respondemos de la misma manera a otras caídas. Por eso vemos a personas tomar un examen importante una sola vez, como el examen de bienes raíces, o la licenciatura para su profesión, y ante el fracaso, no volver a intentarlo. Por eso vemos a mujeres equivocarse al escoger a su pareja y jurar que jamás se volverán a enamorar. ¡Y eso no puede ser! Si la vida se detuviera por nuestros errores, la humanidad no tendría progreso y viviríamos en un mundo obstaculizado de crecimiento y desarrollo.

Mujer, entiende que equivocarte es un derecho que te puedes dar y no significa que tu vida tiene que detenerse. Me gusta mucho la gente que ante un fracaso dice: "Ahora sé una forma de no hacer esto". Cada fracaso, cada decisión errada, tiene una lección encerrada para ti. Eso solo logra experimentarlo aquella mujer que mira las situaciones desde una perspectiva diferente. Como mujer, eres vulnerable a muchas cosas. Un fracaso hiere profundamente nuestros sentimientos. Un fracaso nos puede crear inseguridad. Pero, una mujer que sueña, entiende que los fracasos también son lecciones que podemos aprender y que nos fortalecen en el futuro.

¿TE HAN HERIDO?

Ama como si nunca te hubieran herido no solo es el título de uno de los libros más recientes de uno de mis predicadores favoritos, Jentezen Franklin. La mayoría de las personas no conocen la poderosa historia detrás de esta sonada frase. Leroy Robert 'Satchel' Paige pronunció por vez primera esta frase, que hoy transmitimos como un lindo sentimiento, a pesar de haber vivido víctima de racismo, abuso, pobreza y segregación. Como pelotero profesional, por causa de la segregación y el racismo llegó a las Grandes Ligas a la increíble edad de 41 años y fue lanzador hasta los 59, una marca que difícilmente será rota por otro pelotero. Sus opresores no eran solamente la sociedad de la década de los 40 que estaba plagada de discriminación, sino que aun en su propio equipo luchó con el rechazo. Su historia y célebre frase nos muestra que es posible superar hasta las más grandes ofensas en las circunstancias más difíciles, y mostrar un corazón humilde y generoso.[14]

Nunca nos hiere un extraño en Antártica si vivimos en Centroamérica. Las heridas siempre provienen de los seres más cercanos, como nuestros padres, hijos, cónyuges, hermanos, y amistades cercanas. ¡Qué difícil es trabajar con las heridas del alma! Un hueso roto, una herida en la carne, tiene remedios médicos que con solo seguir las indicaciones y tomarlas el tiempo necesario, tendremos la cura o al menos experimentaremos un alivio. Las heridas del alma son otro cantar.

En mis años en el ministerio ya perdí la cuenta de la cantidad de personas que he atendido, que fueron profundamente heridas y ofendidas por las palabras o acciones de otros. Todos cargamos con experiencias y memorias que por más que nos gustaría eliminarlas, están ahí. ¡Cuánto me gustaría que pudiéramos disfrutar de amnesia selectiva, para así recordar solo los momentos felices y olvidar las desdichas de

14. Consulta en línea: https://www.thespark.org.uk/love-like-youve-never-been-hurt.

la vida! Lamentablemente, más allá de memorias negativas, he visto a personas cargar con infiernos internos al llenarse de ira, rencor y odio en contra de quienes hirieron sus sentimientos y no llenaron sus expectativas.

Mientras mantengamos nuestro enfoque, conversaciones y atención en esas experiencias, nunca se convertirán en cicatrices y permanecerán como heridas. ¿Has conocido personas que hablan constantemente de las experiencias del pasado, de lo que les hicieron, y como que no pueden salir de ese tema? Unos amigos ministeriales perdieron una pareja importante en su ministerio, y por años solo hablaban de lo malagradecidos que habían sido, de lo que habían dicho, de lo que pusieron en Facebook o la foto que subieron. Era la única conversación posible con esta pareja, y no importa de lo que se estuviera hablando, ahí terminaba el tema. Así les pasa a muchas mujeres con el ex marido, el ex trabajo y lamentablemente, a veces, hasta con la ex familia. Hablan y cuentan la misma experiencia negativa una y otra vez. Vuelvo y digo: esas heridas no se van a cicatrizar si las mantenemos abiertas.

La humillación, decepción, indiferencia, traición y la pérdida que provocan esas heridas suceden en un mundo que es complicado y donde las relaciones humanas son inevitables. La vulnerabilidad que tenemos con esas experiencias no afecta a la persona que humilló, decepcionó, ignoró, traicionó o provocó pérdida. Esas heridas abiertas afectan solo a quien las carga. La frustración que mantiene abiertas esas heridas puede ser el producto de la necesidad de una explicación o una disculpa. En un mundo ideal, eso sería solución para muchas mujeres, sin embargo, el mundo no es ideal ni perfecto. Por eso, las instrucciones bíblicas de extender el perdón son tan abarcadoras.

Mateo 18:22 nos dice claramente que debemos perdonar setenta veces siete. Sin pretensiones de fingir erudición en numerología, tengo que decir que hay muchas propuestas teológicas de lo que eso significa. Algunos dicen que debió ser setenta y siete. Otros alegan que serían setenta por siete, es decir, cuatrocientos noventa. Finalmente, algunos teólogos un poco más ambiciosos han dicho que corresponde al número infinito que se forma al poner el siete, setenta veces corridas, o sea, un número que llevaría unas veintitrés comas de separación. De cualquier manera, sin quitarle ni darle la razón a ninguno, tengo que decir que setenta y siete, cuatrocientos noventa o el número infinito es muchas veces más de lo que la gente desea perdonar a quienes provocan heridas en nuestra alma.

En nuestro caminar por la vida, alguien siempre nos va a ofender. Si piensas que con contraatacar y hacer insinuaciones a esas personas vas a solucionar algo, te equivocas.

La realidad es que no hay necesidad de seguir sufriendo por causa de personas que no te valoran. Restaura tu dignidad extendiendo el perdón, aunque pienses que quien te hizo mal no se ha arrepentido. Voluntariamente ponle fin a tu agonía y deja el asunto en el pasado.

FRACASAR PODEMOS, RENUNCIAR ¡NO!

Todas hemos fracasado en algún momento de nuestra vida. Pero eso no significa que nuestros sueños no van a lograrse. El fracaso es un sentimiento de frustración, no un estado permanente en la vida. Siendo un sentimiento, tú tienes el control total para activarlo, o analizarlo hasta el punto en que puedas manejarlo con éxito. Aun así, a nadie le gusta admitir una derrota, sobre todo si pudiera significar que algo nos faltó o que simplemente no nos esforzamos lo suficiente. Una derrota, un tropiezo y un paso atrás pueden ser parte del camino, pero jamás deben convertirse en el final del camino.

Si un fracaso personal tiene la capacidad de detenerte, tu propósito se detiene, no alcanzarás tus sueños y no evolucionarás. Tu vida puede y debe llegar a convertirse exactamente en la vida que Dios tiene y quiere para ti. No importa aquello en lo que hayas fracasado, debes continuar y perseguir la voluntad de Dios para cada temporada de tu vida. Pablo, quien tuvo que lidiar mucho con su carácter, lo expresa así: *"No que lo haya alcanzado ya, ni que ya sea perfecto; sino que prosigo, por ver si logro asir aquello para lo cual fui también asido por Cristo Jesús".* (Filipenses 3:12)

¡Esta es una actitud que te va a llevar a perseguir tus sueños a pesar de tus fracasos! Pablo había recorrido un largo camino de la mano de Dios, encontrando muchos tropiezos, pero entendiendo que no se había acabado su carrera. Un tropiezo no es el fin de tu carrera, mujer. Levántate de tus fracasos y desarrolla el compromiso de seguir adelante hasta que cumplas y alcances todo lo que te has propuesto. De hecho, la actitud de Pablo frente a los fracasos nos da otra lección valiosa, porque él escribe más adelante sobre cómo olvidar las cosas que están detrás de él, y enfoca su vista en las cosas que están por delante (ver Filipenses 3:13).

Date permiso para aceptar un fracaso, pero jamás te permitas no volver a intentarlo. Quien renuncia a sus sueños está condenado a enterrarlos y a vivir una vida de frustración y miradas al pasado, indagando sobre preguntas que no van a tener respuesta. ¿Por qué tenía que pasar? ¿Por qué tenía que ser así? No necesitas conocer la respuesta a esas y a ninguna otra interrogante que puedas tener por causa de ese asunto. Vivimos obsesionadas con las razones y las respuestas que no necesitamos. Sencillamente no lo hagas una pared delante de ti, cuando solo es una valla que debes y puedes saltar. El camino a tus sueños siempre va a tener obstáculos; simplemente supéralos.

SUPERA CADA INTERRUPCIÓN DEL CAMINO

Cada sueño roto puede convertirse en una oportunidad para crecer. Haz uso de la sabiduría que recibes en los momentos difíciles de tu vida y pregúntate: ¿Qué has descubierto sobre ti misma? Seguro vas a poder identificar capacidades y fortalezas que no hubieras conocido de otra manera. De las experiencias negativas, siempre se aprende algo. Dicen que lo vivido nadie te lo puede quitar. Déjame añadirle a eso que lo aprendido ¡tampoco! Valora cada lección aprendida y lo que has descubierto de ti misma en los peores momentos, y usa esa sabiduría para estar más fuerte y preparada la próxima vez que te lances en pos de lo que sueñas alcanzar.

Cada desafío y obstáculo que cruces tiene la capacidad de acercarte a tu sueño aunque creas que tu caminar se ha detenido. Por lo tanto, es importante no darse por vencida y seguir adelante, incluso cuando sientes que es imposible. Las mujeres de diferentes ámbitos de la vida nos han demostrado una y otra vez que la forma de tener éxito es aferrarse a los sueños y no rendirse. Todos los días nos inspiramos en mujeres que se defienden a sí mismas y a sus creencias mientras persiguen sus sueños. Cada una de estas mujeres no permitió que los obstáculos y las fallas las derribaran, y cada vez que cayeron, se levantaron para perseguir sus sueños. Hoy tú te conviertes en una de ellas.

Si en algún momento te convenciste de que no lograrías lo que anhelas, ha llegado el momento de convencerte de lo contrario. Si te has encontrado riendo al pensar en tu sueño hecho realidad, te reto a que tengas esperanza de nuevo. El tiempo designado por Dios no ha pasado. Su promesa sigue siendo cierta. Llegó justo a tiempo.[15]En lugar de tratar de clasificarte entre una mujer fracasada o una mujer exitosa, mejor identifícate como una mujer que no va a tirar la toalla

---

15. Meyer, Joyce. Usted puede comenzar de nuevo (págs. 41-42). FaithWords, versión Kindle.

y va a perseguir sus sueños. Es posible que conozcas personas que no se han levantado después de experimentar tropiezos, pero tú no vas a ser una de ellas. Levántate hoy con el coraje de entender que dentro de ti está la fuerza para seguir adelante, seguir intentando, hasta alcanzar todos tus sueños. Con Dios no hay conteo regresivo y nunca es demasiado tarde.[16]

---

16. Meyer, Joyce. *You Can Begin Again* (p. 35). FaithWords, versión Kindle.

CADA SUEÑO ROTO PUEDE CONVERTIRSE EN UNA OPORTUNIDAD PARA CRECER.

CADA DESAFÍO U OBSTÁCULO QUE
CRUCES TIENE LA CAPACIDAD DE
ACERCARTE A TU SUEÑO, AUNQUE CREAS
QUE TU CAMINAR SE HA DETENIDO.

LA TENTACIÓN DE ENTERRAR TUS SUEÑOS

¿Estás viviendo una vida que se siente incompleta porque algo que anhelaste desesperadamente no ha sucedido? Anhelabas un matrimonio feliz, pero él te dejó. Soñaste toda tu vida con tener un bebé, pero no has concebido. Emprendiste un negocio que fracasó. Pensaste que estarían juntos para siempre, pero la persona que amabas ha muerto. Has intentado e intentado sanar una relación, pero sigue rota. Le diste años a una carrera, pero no ha funcionado.

EL RELOJ BIOLÓGICO

En medio de situaciones como esas, muchas mujeres miran el tiempo y piensan, "se ha hecho demasiado tarde". La conciencia del tiempo es muy diferente entre el hombre y la mujer por muchas razones. Pienso que la razón principal es el bendito reloj biológico. Muy temprano, en nuestra juventud, comenzamos a vivir con la presión de que no se nos haga tarde para tener hijos. Esa presión y esa marca en el calendario de nuestra vida nos hacen ver el tiempo de una forma diferente. La mayoría de nosotras plasmamos y planificamos nuestra vida, antes, durante y después de los hijos. Como mujeres, generalmente cargamos la responsabilidad mayor de la crianza, dejamos mucho para "después" que nuestros hijos crezcan y ese después entonces se siente como "demasiado tarde".

Menciono la malévola idea del reloj biológico, aunque pienso que es una idea errónea. Tuve mis primeras hijas a los 22 y 24. Luego, Dios me permitió ser madre nuevamente a los 35 y 37. Con sinceridad, ambas experiencias fueron muy diferentes, pero la que llegó a los 35 no fue lo que todo el mundo decía que sería. Esa impresión de que una es una "vieja teniendo hijos" es una gran mentira. En Estados Unidos la ciencia cataloga un embarazo como de alto riesgo a partir de los 35 años de edad. En mi caso, mi salud y todo el embarazo en general fue igual que los primeros dos. Con sinceridad, muchas veces en los dos embarazos más tarde me sentía con mayor energía y fuerzas que en las primeras dos veces.

En España, el 30 % de las mujeres tiene su primer hijo a partir de los 35 años. Hay países de Europa que el primer hijo se tiene a partir de los 40. Esto me hace pensar que la presión que sentimos en América de tener hijos antes de los

30 y hacerte un "caso clínico" a partir de los 35 como tarde, es una manipulación de los pensamientos que no apoyan a la mujer.

Una mujer debe tener hijos cuando tiene una pareja sólida con la seguridad de que ambos los criarán juntos, y cuando se sienta cómoda para tenerlos. Fíjate que no digo "preparada" porque la realidad es que, como madre de cuatro y habiendo tenido tanta diferencia de edad, tengo que testificar que para ser madre uno nunca está 100 % preparada. Así que, con sentirte cómoda con la idea y tener buena actitud y deseos de aprender todo el camino, creo que tienes gran parte de la batalla ganada. Ten tus hijos en tu tiempo. No prestes tus oídos y tu atención a la presión que nos pone la familia y la sociedad al respecto. El que no lo pueda entender, sinceramente no tiene ni por qué opinar. No te dejes poner presión de nadie para la maternidad.

UNA "VIEJA" ¿ESTUDIANDO?

Lo mismo sucede con los estudios y el avance en la vida profesional. Por alguna razón imaginamos que solamente podemos estudiar en la juventud; otra gran falacia que pone presión mayormente en las mujeres. Tenía una amiga que me decía constantemente que deseaba estudiar, pero de solo pensar que podría estar en un aula con jóvenes que podrían ser sus hijos, incluso, que algunos serían menores que sus propios hijos, le daba terror. Ella se veía como una vieja estudiando en medio de una juventud que no le iba a apreciar su presencia y su aportación, porque así era su relación con sus hijos; la menospreciaban constantemente.

Para estudiar hace falta disciplina y un gran deseo. La educación nada tiene que ver con la edad. Gracias a la tecnología hoy podemos decir que nada tiene que ver con el tiempo. Es erróneo pensar que la universidad es solamente para impartir la formación inicial de los jóvenes. Treinta, cuarenta años antes, todo el enfoque estudiantil posgraduado se dirigía a eso. Hoy, gracias a la tecnología y los cambios que hemos visto en las necesidades de educación, hay programas orientados para adultos que se ajustan muy bien a las necesidades que tenemos las mujeres, aun cuando somos madres y ya tenemos una carrera profesional. Estudiar teniendo hijos mientras trabajábamos fuera del hogar, hace treinta años atrás, hubiera sido un panorama muy difícil, casi imposible.

Aun hoy, por causa de la edad, el tiempo, o cómo nos sentimos frente a la maternidad (tarde o temprano) y los retos en nuestra vida profesional, muchas mujeres entierran sus sueños. Los hombres no sienten la presión del reloj biológico ni de la edad para nada. Excepto aquellos hombres que tienen una conciencia que a partir de cierta edad no desean estar criando hijos, los hombres no andan contando cuántos años les quedan para tener hijos, debido a que ellos son fértiles prácticamente toda su vida. Encima, regularmente no tienen que interrumpir su vida profesional por el matrimonio, los hijos o la crianza. Las mujeres somos las que mayormente nos encontramos haciendo esos sacrificios o siendo criticadas o juzgadas por la gente más cercana por no hacerlo.

La verdad es que vivimos en un mundo gobernado por el tiempo. Y está bien establecer ciertas metas y ser responsables con el tiempo que Dios nos da. Sin embargo, cuando comenzamos a vivir apuradas, llenas de estrés porque estamos tratando de cumplir nuestros propios planes en el tiempo racional que se nos impone, estamos viviendo con cargas innecesarias que Dios no desea para nosotras, porque Dios solo desea nuestro bien. Creo que esta es la razón por la cual las personas lloran por los sueños no realizados: no es solamente por no haberlos realizados hasta el momento, sino por el sentimiento de que el factor "tiempo" solo me va a llevar a enterrarlos permanentemente, porque parece como que una lucecita se está apagando o un túnel se está cerrando.

LOS CHISTES QUE NOS MARCAN

En su libro *El chiste y la relación con el inconsciente*, Sigmund Freud razona las características, los elementos y los motivos que hay detrás de esos chistes cotidianos de los que la mayoría nos reímos. Para el famoso psicoanalista, el chiste es mucho más que una forma sagaz o simpática de descargar la tensión emocional. Freud explica que a través de los chistes solemos presentar lo que percibimos como las realidades de la vida. En lugar de afirmar abiertamente lo que uno piensa, a través del chiste se infiltran conceptos pensando que con la risa se reduce la tensión del pensamiento detrás de la idea del chiste. Sigmund Freud afirma que todo chiste encubre una verdad.

Por ejemplo, los famosos chistes de suegras las presentan como desconsideradas, entrometidas y problemáticas. ¿Es esa la realidad de todas las suegras? La realidad es que no es así. Conozco mujeres que se sienten ofendidas cuando se hacen chistes de suegras. Pero la realidad es que ni tú ni yo podemos tener la menor duda que alguna suegra en el mundo llena esas características y hasta peores. O sea, las burlas y las historias detrás de esos chistes no salieron de la nada. De alguna forma, las actitudes de muchas suegras dieron paso a que se generaran los conceptos que hoy percibimos como reales.

¿Te has puesto a analizar los temas detrás de los chistes que aluden a las mujeres? Muchas veces se nos presenta como mandonas, aplastantes o frustradas. Muchos chistes que aluden a las mujeres tratan del tema de aferrarse y sofocar al marido o a los hijos. ¿Es esa la realidad absoluta de todas las mujeres? No. De hecho, en mi libro *Partera de Sueños*, una de las premisas que me motivó a escribir ese libro era cómo una y otra vez en las historias de éxito se reseña la aportación de una mujer. La mujer ha sido un instrumento para impulsar, motivar y llevar a otros a producir grandes resultados en todas las esferas posibles.

Ahora, ese refrán que dice "en casa de herrero, cuchillo de palo", se puede aplicar al concepto de las mujeres como facilitadoras de sueños versus la mujer como conquistadora de sus propios sueños. Y en el asunto de presentar a la mujer frustrada como temática principal de muchos chistes, tengo que decir que esto podría estar relacionado a lo que reveló la encuesta global de indicadores de sueños (Global Dream Index Survey). En su encuesta de 5400 mujeres en 14 países se reportó que más del 50 % de las mujeres han abandonado sus sueños de niña y se sienten insatisfechas con su vida. Nos puede chocar y hasta molestar que en muchos chistes se presente a la mujer como frustrada. La realidad es que mientras una mujer puede ser una excelente porrista para los sueños de todos a su alrededor, la data nos muestra que no hace lo mismo consigo misma, y la mayoría de las mujeres renuncian a sus sueños de niña.

LA OPINIÓN DE LOS DEMÁS

Un reportaje de la famosa revista norteamericana Forbes titulado "Why Most Women Give Up on Their Dreams" (Por qué la mayoría de las mujeres se dan por vencidas con sus sueños)[17] presenta la falta de apoyo, las limitaciones económicas y la falta de confianza en sí misma como las tres razones principales para no cumplir sus sueños. Muchas mujeres sienten la presión de las demandas a su alrededor,

17. Consulta en línea: https://www.forbes.com/sites/soulaimagourani/2019/07/29/why-most-women-give-up-on-their-dreams/#4271091d2082.

por lo cual entierran sus sueños y dan demasiado poder a la opinión de todos a su alrededor.

Las ideas de "falta de apoyo" y "falta de confianza en sí misma" según lo establecido en el reportaje están íntimamente ligadas a lo que piensan otros de una mujer que persigue sus sueños. Ciertamente, en muchas áreas de nuestra vida nos limitamos por la opinión de los demás. En general a las mujeres les da mucho miedo que las critiquen. A todo el mundo le gusta caer bien y que lo que hagamos no choque con el estilo de vida ni la opinión de nadie.

Cuando decidimos lanzarnos a hacer algo radicalmente diferente a lo que hacemos ahora, podemos esperar que las personas más cercanas tengan una opinión al respecto. Cuando esa opinión es diferente a la nuestra, en lugar de darle más peso a lo que otros piensan debes decirte a ti misma: "Esa es tu opinión, yo pienso diferente". Pero en lugar de darle el lugar que una opinión ajena merece, la convertimos en nuestro propio pensamiento. Desafortunadamente, la falta de seguridad en sí misma de muchas mujeres hace que la opinión de otros las detenga.

LAS ETAPAS DE LA MUERTE DE UN SUEÑO

Como cualquier muerte, la muerte de un sueño trae consigo etapas de duelo. Si alguna vez has visto caducado un sueño, esto puede parecerte familiar. Primero estás en *negación*. Así como cuando te mientes a ti misma pensando "de todos modos, realmente nunca me importó".

Luego sientes *ira*. Este es el momento en que piensas que "no es justo que otros hayan tenido éxito y yo haya tenido que renunciar a mis planes, deseos y sueños".

La tercera etapa es el *regateo* o *negociación*. Aquí piensas "Dios, si haces que esto suceda, dejaré de llenar el espacio en blanco". Aquí nos consagramos a Dios y dejamos todo en sus manos, pero no es que vaya a haber esfuerzo de parte nuestra. Lo que pedimos de Dios es una señal por medio de promesas y compromisos con Dios que muchas veces ni cumplimos.

Entonces pasamos a la *depresión* cuando sentimos, "soy un fracaso, mi sueño murió. Mi vida es terrible. ¡Qué desperdicio!"

Finalmente viene la *aceptación*. En este momento solo puedes decirte: "Oh, bueno. Nunca va a suceder. Obviamente es demasiado tarde".

Las esperanzas, los sueños, los planes y las ambiciones que operan en su propio horario siempre serán una fuente de frustración, siempre habrá una cuenta regresiva y el temor de llegar demasiado tarde. Peor aún, sintiéndote en confianza y apostando a ti misma, siempre habrá alguien que te recuerde el factor tiempo en tu vida, y que te compare con alguien que a tu "edad" había hecho mucho más que tú.

Esas mismas esperanzas, sueños, planes y ambiciones sometidos a Dios y confiados en el tiempo de Dios harán que cualquier sueño vuela a la vida, de la misma manera que en el valle de los huesos secos en Ezequiel 37 el espíritu se metió en aquel sepulcro de huesos, los tendones se juntaron, la carne se posicionó, y ya la muerte representada en aquella sequedad no existía por una palabra... ese verso 4 de Ezequiel 37 cuando dice *"profetiza sobre estos huesos"*. Porque con Dios, nunca es demasiado tarde.[18]

Hay una "palabra" que vas a tener que hablar a tus sueños. ¿Por qué consentir en enterrar tus sueños y dejarlos ir por razones de poco peso? Muchas cosas en nuestra vida compiten por nuestro tiempo. Yo te digo hoy que tú no debes enterrar tus sueños pensando que tu tiempo ha caducado. Tus sueños no son el galón de leche en tu nevera, ni el pan que en un día se pone duro. Tus sueños son mucho más, y van mucho más allá de tu edad y de la etapa en que te encuentres en tu vida.

JUSTO A TIEMPO

Tu "demasiado tarde para tener familia" o "demasiado tarde para prepararme profesionalmente" es el "justo a tiempo" de Dios. El tiempo, la edad, la temporada de nuestra vida no es razón suficiente para enterrar nuestros sueños. El Dios al que yo le sirvo le encanta hacer cosas que podemos suponer que son imposibles o fuera de tiempo. Los pensamientos de Dios no son tus pensamientos, y Sus caminos no son tus caminos (ver Isaías 55:8).

---

18. Meyer, Joyce. *Usted puede comenzar de nuevo* (págs. 35-36). FaithWords, versión Kindle.

En otras palabras, el tiempo de Dios es diferente a tus límites cronológicos y debes estar atenta a escucharlo a Él. Con Él, no hay tal cosa como "demasiado tarde". Con Dios la peor o la mejor situación se convierte en un "justo a tiempo". Es decir, Dios siempre aparece en el momento justo.[19] Es posible que hoy mires atrás y te digas a ti misma: "Debí hacer esto o aquello".

Hoy es posible que para sacar tus sueños de la tumba, tengas que hacerles alguna edición. No tengas miedo a ajustar tus sueños para que puedan existir en tus circunstancias presentes. Un sueño puede cambiar, ajustarse y evolucionar. Tu "justo a tiempo" puede llegar con un sueño editado. Saca del entierro el sueño que tienes, analízalo, ajústalo y a correr por él, porque hoy es el tiempo y el momento de cumplirlo es ahora.

En la parábola de los talentos, un hombre entregó talentos a sus siervos (ver Mateo 25:14-30). A uno entregó cinco, a otro dos y al último le entregó uno. Todos lo multiplicaron excepto el que recibió uno, que decidió esconderlo y lo entregó de vuelta a su amo con miedo. El siervo de un talento fue catalogado como malo y negligente, muchos piensan que porque no lo multiplicó como los otros siervos, pero la realidad es que fue mal siervo porque no hizo nada con el talento. No entierres tu sueño. Haz lo mejor que puedas con tus sueños para ser hallada una mujer buena y fiel delante de los ojos de nuestro buen Señor. Él te dará recompensa.

---

19. Meyer, Joyce. Usted puede comenzar de nuevo (p. 37). FaithWords, versión Kindle.

TU "DEMASIADO TARDE" ES EL "JUSTO A TIEMPO" DE DIOS.

ENERGÍA PARA SOÑAR

La primera vez que mi hija Jenibelle puso una orden por la Internet, nunca se me va a olvidar. Ella anhelaba un juguete que no vendían en Puerto Rico y lo encontramos en un sitio web. Pusimos la orden y sentí que como mamá, la tecnología estuvo de mi lado y que había hecho una gran hazaña. Ese mismo día en la tarde, algo molesta, Jenibelle me dice: "¿Mamá, dónde está mi juguete?". Ella pensaba que pedía algo en la Internet y llegaba un ratito más tarde. Me tocó explicarle que tenía que esperar que alguien recibiera la orden, empacara su juguete, lo pusiera en un camión, luego en un avión, luego en otro camión para llevarlo a nuestra casa y que eso tomaría varios días. Toda la emoción de "la mamá halladora internacional de juguetes" se me fue en un instante.

A veces pareciera que el mundo en el que vivimos gira más rápido que para nuestros antepasados. Como adultos pensamos que quizás la expectativa de Jenibelle era irreal. Cuando yo tenía la edad de Jenibelle, si quería escuchar una canción más de una vez sin pagar por ella, tenía que esperar a que el DJ la sonara en la radio, para darle *play* y *rec* a la vez, y grabarla con una malísima calidad. Hoy cuando quieren escuchar una canción, mis hijas la descargan en cinco segundos. La realidad es que ellas nacieron en un mundo donde tenemos acceso a un océano de productos, servicios y actividades instantáneas al alcance de nuestros dedos. Tenemos la bendición de encontrar satisfacción inmediata en muchas áreas de nuestra vida. Pero con esa "bendición", también nos encontramos con la desventaja de que se nos olvida que no todo en la vida es instantáneo.

La gratificación instantánea nos seduce. ¿Quién no quiere comer todo lo que quiera y con una pastilla, un té o dedicando tres minutos, tres veces a la semana a ejercitarse en una maquinita mágica, rebajar y tener abdominales? Por eso le creemos a los famosos infomerciales de la televisión que salen a las horas que todos deberían estar durmiendo. Entonces, muchas veces ya no se trata de la necesidad que tengo o quiero suplir, sino de cuán rápido puedo adquirir esa satisfacción.

Nunca podemos olvidar lo que dice Eclesiastés 3:1: *"Todo tiene su tiempo, y todo lo que se quiere debajo del cielo tiene su hora"*. Para alcanzar nuestros sueños todo tiene su tiempo y su hora también. A través de su Palabra, Dios nos enseña a tener una vida feliz y en orden.

Trabajar por un sueño requiere tiempo y energía. Escuchamos las historias de éxito y creemos que con un talento, una canción, luego de un juego, o por un encuentro divino, todo se arregla de la noche a la mañana. Nada bueno en la vida se consigue sin esfuerzo ni trabajo. Para muchas mujeres, sacrificar el presente con el objetivo de tener un futuro mejor, implica resistir el largo período donde tenemos que esforzarnos por nuestros sueños. Conozco a muchas mujeres esforzadas, pero no en sus sueños, sino en las tareas del diario vivir. A veces, nos toca dejar a un lado ciertas tareas innecesarias, para dar paso a las que son necesarias para nuestros sueños.

Cuando tenemos en mente solo el bienestar presente, nos olvidamos que a veces tenemos que sacrificarnos por un tiempo para alcanzar cosas mayores. Muchas mujeres no tienen o no desean ejercer esa resistencia que necesitan. Anhelan tener un buen matrimonio con un buen hombre, pero se unen a lo primero que aparece porque piensan que si no lo hacen se arriesgan a quedarse solas. Podrían tener un mejor salario si completan ciertos estudios, pero por no invertir sus noches o fines de semana estudiando, siguen haciendo más trabajo por menos paga. Están claras que con mejor alimentación y hacer ejercicios, su salud y su cuerpo cambiarían completamente, pero por no cocinar y no sudar siguen con la diabetes, el colesterol alto y el sobrepeso. Prefieren vivir con la frustración y la ansiedad de no alcanzar sus sueños, a esforzarse y dar el todo.

Pero, a veces ese "todo" no lo tenemos porque estamos agotadas. Muchas mujeres viven agotadas mental, física y emocionalmente. El ser humano está programado biológicamente para sobrevivir. Por naturaleza buscamos lo que nos produce placer y nos olvidamos que a largo plazo, el esfuerzo siempre va a tener buena recompensa. Para alcanzar nuestros sueños necesitamos constancia y resistencia. Cuando tienes un sueño grande y relevante, no puedes esperar alcanzarlo con la mentalidad de "lo quiero, y lo quiero ya". A todas nos toca trabajar por alcanzar nuestros sueños, y estamos tan agotadas con tantos asuntos que pensar en trabajar duro en "algo más" nos desalienta.

Para mantenerte en pos de tus sueños hay que erradicar el agotamiento, y tal parece que tendrías que conectarte con una fuerza sobrenatural para resistir. He visto que algo tienen en común las personas de éxito: siempre están motivadas, con fuerza, y junto a ellos te sientes empoderada. Generalmente, esas personas tienen altos niveles de energía. Quien no tiene esa energía vive desmotivado.

Yo detesto estar al lado de personas desganadas, apáticas y sin ánimo. De hecho, uno de los comentarios que más me hace la gente es en cuanto a la energía que proyecto generalmente. Siempre he sido positiva, alegre y esforzada. Muy difícilmente alguien diría de mí, "es que ella es cómoda y no le gusta pasar trabajo". ¡No, señor! Si deseo algo, no me importa cuánto tenga que trabajar para alcanzarlo. Si alguien está desganado al lado mío y estamos en medio de procurar hacer algo, ¡bendito Dios!, se encontró con quien lo va a empujar hasta que lo consiga. Esa es la energía que yo proyecto.

Tus niveles de energía son importantes en todas las áreas de tu vida. Pero si deseas alcanzar tus sueños, tienes que cuidar absolutamente tus niveles de energía. No seas de las mujeres que te levantas cansada, vas al trabajo cansada y llegas a la casa doblemente cansada. De repente te puedes mentir a ti misma y pensar que te falta motivación. Tantas mujeres me han dicho: "Es que no tengo quien me anime". Tú no necesitas un grupo de porristas alrededor tuyo. Bendito Dios, que si de eso dependiera, la primera que nunca haría nada sería yo. La gente negativa que ve solo lo malo está de sobra.

Tampoco se trata de ingerir los productos, pastillas, bebidas o superalimentos que nos prometen recargarnos las pilas y subir nuestros niveles de energía. Esos elementos son remedios superficiales que siempre van a tener consecuencias adversas en nuestra salud y no van a ser duraderos.

Hay tres elementos que debes implementar en tu vida para tener la energía de alcanzar tus sueños: descanso de calidad, buena alimentación y actividad física. La falta de energía en la mayoría de las mujeres es la falta de descanso, la mala alimentación y el sedentarismo. La solución a tu problema de energía se encuentra en establecer los hábitos correctos y ser fiel a ellos, entendiendo que además de mejorar tu estilo de vida hoy, también son el elemento clave para alcanzar tus sueños futuros. La cantidad de beneficios que existe en guardar estas tres áreas de nuestra vida son demasiados como para consumir el tiempo en enumerarlos. Dudo muchísimo que alguna lectora no tenga claro los beneficios físicos de descansar, comer saludable y ejercitarse. Así que no voy a consumir mi tiempo y mi energía en explicar eso.

A dormir aprendí con mi esposo Otoniel. Cuando nos casamos él ponía la cabeza en la almohada y ya estaba dormido; al día de hoy sigue siendo así. A mí me daba mucho trabajo dormir. Siempre me he levantado bien temprano, generalmente a las 4 a. m. Y por tener tantas responsabilidades, antes me acostaba tarde. Otoniel constantemente me decía: "Omayra, tú tienes que dormir más". Mi respuesta siempre era: "Dormir es para vagos". ¡Qué equivocada estaba!

Si algo tuve que enseñarme a hacer es dormir. Sinceramente no sentía, o no me daba cuenta de que me faltara energía. Creo que mis otros buenos hábitos me recompensaban. Pero siempre veía que mi esposo dormía profundamente y dormía bien, amanecía descansado y me resultaba un enigma cómo lo hacía, así que comencé a leer al respecto. Les confieso que en un momento de mi vida se convirtió en un sueño tener un buen sueño que fuera profundo y reparador. Poco a poco fui haciendo cambios hasta experimentar la diferencia que hace en mí descansar correctamente.

Dormir bien se convirtió en el anhelo de mi corazón. Tuve que hacer muchos cambios. Entre ellos, yo casi ni veo televisión para dormir, suelto mi teléfono a cierta hora y he procurado que mi habitación sea un santuario para el sueño. En mis últimos dos embarazos empezó a faltarme energía y comencé a acostarme más temprano, a dormir siestas durante el día. Los años de tener dos adolescentes y dos bebés a mi cargo fueron agotadores, pero el dormir bien me permitió pasar ese tiempo que como madre fue bien difícil.

Me motivó mucho cuando escuché hablar a Arianna Huffington de cómo el aprender a dormir había cambiado su vida. Arianna es una exitosa mujer de negocios, manejadora de medios de comunicación que incluyen una revista con su nombre, el HuffPost. Sirve en la junta de varias compañías, y ha escrito quince libros. Uno de sus libros se titula *La revolución del sueño*[20] y se lo recomiendo a todas. Cuando somos personas productivas por naturaleza, podemos pensar que dormir es una pérdida de tiempo, o que no lo necesitamos. Hoy soy como Arianna, una defensora del sueño y lo recomiendo a todo el mundo.

"Necesitamos dormir; es tan esencial para tu vida saludable como la comida o el agua. Cuando te cansas, se siente bien dormir, así como se siente bien comer cuando tienes hambre y beber cuando tienes sed. Así como puedes morir por falta de comida o agua, no durarías mucho si no pudieras

---

20. Plataforma Editorial, 2017.

dormir por completo. Cuando los animales de laboratorio se ven privados de todo el sueño, perecen en cuestión de días".[21]

En cuanto a la alimentación, es lo mismo. Hace algún tiempo adopté el estilo de comer Keto. A la luz de una situación con mi estómago tuve que hacerlo. De todo lo que me ha cambiado, tengo que decir que la energía que tengo es donde más resultados he visto. No me gusta recomendar dietas, y no soy médico para hacer recomendaciones alimentarias. Solo puedo hablar de mi experiencia y ha sido muy buena. Lo que sí pudo decirte es que si no te alimentas bien no vas a tener la energía que necesitas para perseguir tus sueños.

Seguro que a ti de pequeña te decían, como a mí: "Come para que crezcas". Sin embargo, uno de los medidores que tenemos de la comida son las benditas calorías, y las calorías no miden peso, sino miden las unidades de energía en la alimentación. Los alimentos tienen valor nutricional y valor energético. De hecho, si has hecho muchas dietas, y alguna de ellas ha sido baja en calorías, seguro has sentido esa reducción en la energía y es horrible. La mayoría de las personas rompen sus dietas precisamente por lo mal que se sienten por la falta de energía.

Hay alimentos que son específicamente para producir energía. El exceso de harinas refinadas, las cuales se eliminan completamente en Keto, y las azúcares contribuyen

21. Kelly Bulkeley, *Soñando en las religiones del mundo: una historia comparativa* (Nueva York: New York University Press, 2008), 1. Consulta en línea: http://www.questia.com/read/117885044/dreaming-in-the-world-s-religions-a-comparative.

mucho a la fatiga en el cuerpo. La acumulación de toxinas es otro factor que genera fatiga. Yo sé que debes estar pensando: "Pastora, pero si está hablando de los sueños, ¿por qué se tiene que meter en la alimentación?". Bueno, porque es importante y parte vital de tu ser. Y si todas las áreas de tu vida no están en orden, no vas a lograr tus sueños.

Mientras que la mayoría dice, "no tengo energía para hacer ejercicios", yo te digo que "no tienes energía porque no haces ejercicios". Me he ejercitado toda mi vida desde los doce años de edad. Nunca ha sido para "verme en forma". Mi pasión por el ejercicio y la actividad física siempre han sido para "sentirme de una forma". He hecho muchas clases de deporte y disciplinas de ejercicio. Mi aventura más reciente es correr, y estoy a punto de hacer mi primer maratón. El ejercicio suministra oxígeno al cuerpo, y ayuda a tu sistema cardiovascular. Si tu corazón y tus pulmones están bien, tu cuerpo está bien y tiene energía. Así de sencillo.

No se trata de que mañana seas maratonista, ni fisicoculturista, pero esfuérzate y comienza con algo. Lo que sea. Camina cinco minutos primero, y ve aumentando día a día, semana a semana hasta que camines una hora. Luego si quieres añadir intensidad, comienza a correr. Siempre hay algo que puedes hacer. Tanta gente ve las razones por las cuales no puede hacer ejercicios, sin darse cuenta que esas son precisamente las razones por las cuales debe adquirir ese compromiso con ellos mismos.

Mujer, persigue tus sueños con energía, productividad y creatividad. Tu capacidad de descanso, hábitos alimentarios y actividad física van a determinar la energía que tienes para perseguir tus sueños. Cuando tienes un gran sueño necesitas igualmente una gran aportación energética. Si tienes que escoger entre el estrés que causa la frustración de no alcanzar tus sueños, y el estrés del esfuerzo de perseguirlos y alcanzarlos, escoge el segundo. Porque la búsqueda y el esfuerzo de ese sueño te van a mantener energizada y motivada, mientras que el primer estrés solo produce frustración y dolor. Una mujer con un gran sueño se va a mantener motivada y energizada hasta alcanzarlo.

UN GRAN SUEÑO NECESITA ALTOS
NIVELES DE ENERGÍA: DUERME BIEN,
EJERCÍTATE Y COME SABIAMENTE.

TUS SUEÑOS VAN DE LA MANO DE TU PROPÓSITO.

VENCE LA ANSIEDAD

Elevaciones de la frecuencia cardiaca, sensación de ahogo, opresión en el pecho, sudoración o escalofríos... ¿qué mujer no ha tenido estos síntomas en algún momento de su vida? Todos son síntomas de ansiedad. ¿En qué momentos te sientes así? ¿Reconoces las circunstancias que encienden la ansiedad en tu vida? Si es así, mujer, te digo que tienes una ventaja. Muchas mujeres no tienen respuestas concretas en cuanto a todas sus interrogantes con respecto a la ansiedad.

Las mujeres son doblemente más propensas a sentir ansiedad que los hombres.[22] No promuevo las competencias y las comparaciones entre hombres y mujeres. Soy una defensora de las diferencias entre los hombres y las mujeres. Más aún, creo que uno de los grandes problemas que enfrenta la sociedad hoy en día es la forma tan errónea en

22. Consulta en línea: https://www.vice.com/es_latam/article/5gvwkz/las-mujeres-son-mas-propensas-a-sufrir-de-ansiedad.

que se trabaja con el hombre que quiere ser mujer, y la mujer que quiere ser hombre. ¡Si tan solo entendieran que uno no es mejor, ni superior al otro! Habiendo dicho eso, de todas las cosas en que podemos exceder a los hombres, ¿por qué la ansiedad?

Algunos elementos que aportan a la ansiedad son las hormonas femeninas y los síntomas premenstruales, que aunque no afectan a todas las mujeres, está probado que afectan a la mayoría. De ninguna manera estoy sugiriendo que solamente ser mujer garantiza tener problemas de ansiedad. En cuanto a la fisionomía de la mujer y su efecto en la ansiedad todavía falta mucho conocimiento médico. Pero ni tú ni yo podemos esperar a que los médicos tengan una respuesta para manejar la ansiedad en nuestra vida.

Ciertamente, de la sabiduría que a veces nos comparte la medicina, algunos recursos que alivian la ansiedad son el descanso, la buena alimentación y el ejercicio. Todos, discutidos en el capítulo anterior, son un buen comienzo para trabajar con la ansiedad. No puedo enfatizar suficiente cuán importante es que trabajes con estos tres elementos lo antes posible.

Lo que muchas mujeres no entienden es que la ansiedad es una condición de salud mental. No estoy diciendo, como probablemente te han dicho tu esposo o tus hijos en algún momento, que cuando estás ansiosa estás como loca. No estoy diciendo eso. Es normal sentir ansiedad en algún momento de nuestra vida. Pero, sentir ansiedad excesivamente, esa preocupación desmedida y continua, difícil de controlar, cuando interfiere con tus actividades diarias, sí podría ser un trastorno más allá de una reacción natural a una situación.

La ansiedad proviene de nuestro cerebro y no de nuestras circunstancias. Nuestro cerebro nos hace ser quienes somos, y la ciencia no ha avanzado lo suficiente como para que tengamos por completo la certeza de cómo funciona nuestro cerebro. O sea, la ciencia no tiene todas las respuestas para el manejo de nuestra fisionomía como mujeres y su efecto en nuestro estado de ánimo, y tampoco tiene respuestas para todos los elementos que afectan nuestra mente y pensamientos.

¿Podemos depender 100% de la ciencia? Como ministro responsable, tengo que decir que siempre escuchamos lo que dice la ciencia. Estudiamos y buscamos todas las respuestas naturales que lleguen a nuestra mano, pero no podemos depender de eso solamente si tenemos instrumentos espirituales para ponerle remedio a la ansiedad.

La ansiedad opaca y esconde una de las virtudes más importantes que tenemos que desarrollar todos los seres humanos para tener una mejor calidad de vida, y es la paciencia. La paciencia no es inercia. De hecho, la Biblia dice que *"Mejor es el que tarda en airarse que el fuerte"* (Proverbios 16:32). Es decir, la Palabra nos instruye en que ser paciente es mejor que ser fuerte.

Tus sueños se alcanzan con paciencia. Toda mujer tiene que desarrollar la capacidad de aprender a esperar. Y si algo nos enseña a esperar, es la maternidad. Tanto así que un adelanto de la llegada de nuestro bebé puede traer consigo consecuencias negativas permanentes. O sea, por más que soñemos con tener ese bebé en nuestros brazos, nos toca esperar a su tiempo. No hay alternativas.

Por causa de la ansiedad, muchas mujeres prefieren no perseguir sus sueños. Y piensan que si ejercen paciencia, de alguna forma no están trabajando por sus sueños. De repente es demasiada la presión. No es que tiren la toalla, es que ni comienzan por no abrir la puerta de la ansiedad en sus vidas.

En vista de que la ciencia no tiene todas las respuestas, y no podemos quedarnos de brazos cruzados pensando si hay remedio, damos gracias a Dios que tenemos recursos más allá de los naturales para ponerle fin a la ansiedad. Es por eso que no podemos poner el remedio de la ansiedad en los recursos que tenemos en el mundo natural solamente, y tenemos que recurrir a los elementos espirituales.

Con Dios todas las cosas son posibles. No hay nada que Él no pueda hacer. Él puede hacerlo de manera diferente a lo que planeaste, y puede hacerlo más tarde de lo que planeaste, pero sus formas y su tiempo siempre son mejores que cualquier cosa que puedas imaginar. Ya sea que Dios adelante sus planes contigo, o que tengas que esperar en Él, lo importante es saber que con paciencia, de la mano de Dios, vas a alcanzar todos tus sueños.

Hoy quiero compartirte dos herramientas para ganarle a la ansiedad y ejercer la paciencia. Una es espiritual, y la otra es natural.

HERRAMIENTA ESPIRITUAL: ORA

Tómate un momento para decirle a Dios:

"Señor, estoy abierta a lo que sea que tengas para mí. Puede que no sea lo que planeé, y puede que no suceda en mi horario, pero confío en Tu plan perfecto para mi vida. Me niego a renunciar a ti, pero elijo renunciar a la preocupación, la ansiedad y el miedo. ¡Sé que nada es demasiado difícil o maravilloso para ti![23]

"Hoy, quiero que tomes la decisión de hacer lo que Dios te lleve a hacer. Es posible que no tengas todas las respuestas y que no sepas cada paso que debes dar, pero por fe, quiero que des el primer paso. Ya has llorado lo suficiente. ¡Ahora es tiempo de creer! Y una parte importante de creer es dar un paso de acción. Tal vez ese primer paso sea:

+ Solicitar una clase en su colegio comunitario local.

+ Perdonar a la persona contra la que has guardado rencor.

+ Ir a la iglesia por primera vez en años.

---

23. Adaptado de Meyer, Joyce. Usted puede comenzar de nuevo (p. 38). FaithWords, versión Kindle.

- Hacer una cita con un nutricionista.

- Enviar un currículum.

- Llamar a una agencia de adopción.

- Solicitar la promoción que te gustaría tener en el trabajo.

- Enfrentar el problema en tu matrimonio, en lugar de ignorarlo.

"Hoy, haz una oración audaz como nunca hayas hecho, finalmente pidiéndole a Dios lo que parece imposible."[24]

Desde que me convertí al Señor, hay dos cosas que he hecho constantemente: servir en la iglesia y orar. En mi iglesia se oraba a las 5 a. m. todas las semanas, y mis padres acostumbraban a llevarnos a mis hermanos y a mí a orar en el templo a esa hora. Hoy, uno de mis hábitos constantes es levantarme a las 4 a. m. a orar. De repente tú pensarías: "Pastora, ¡si me tengo que levantar a las 4 a. m. para orar, mi ansiedad no va a disminuir, va a aumentar!".

Siempre digo: no piensen que somos cristianos solamente si oramos a las 4 a. m. Hago siempre esa aclaración, porque en estos temas la gente suele pensar que son menos espirituales si no hacen algo al extremo que otros lo hacemos. En mi caso, oro a esa hora por varias razones. Primero, ya estoy acostumbrada a levantarme a esa hora para orar, lo he hecho desde niña. Segundo, a esa hora en mi casa hay

---

24. Adaptado de Meyer, Joyce. *Usted puede comenzar de nuevo* (p. 41). FaithWords, versión Kindle.

silencio, y tengo todo el espacio para pasar ese tiempo en la presencia del Señor.

Sin importar a qué hora lo hagas, la oración es una de las herramientas más importantes que Dios nos ha dado y nos sirve para todo, aún para impulsar nuestros sueños. El tiempo de oración debe ser sencillo. Sinceramente, no es nada complicado. Orar es hablar con Dios.

¿Te ha pasado que hablas algo con una amiga, con tu mamá, o con tu pareja, y de repente ves las cosas más claras? Cuando hablamos acerca de nuestros asuntos, no importa con quien sea, una de las cosas que sucede en nuestra mente es que nuestros pensamientos se organizan para poder exponer lo que queremos expresar. Y en esa organización que ocurre cuando expresamos nuestras ideas, automáticamente nuestra mente analiza, piensa y ve diferentes las cosas. Además de que si hablamos con la persona correcta, el insumo de esa persona te ayuda a ver más claros tus asuntos, y tomar mejores decisiones.

Así mismo pasa en la oración con Dios. Es exactamente lo que experimento cuando estoy orando. Mi día, que generalmente esta llenísimo de tareas, reuniones, viajes, atender decenas de personas, fluye más tranquilo y con menos ansiedad por causa del tiempo de oración. En mi tiempo de oración, primero oro por mi familia y luego presento a Dios mi día completo. Literalmente, hablo con Dios de todo lo que voy a hacer. Alguien desde afuera diría como sucedió con Ana en el templo: que oraba con tanta intensidad que el mismo Sacerdote pensó que estaba ebria. Y te confieso, que en mi tiempo de oración, hablo con Dios con todos mis gestos, así como somos las latinas, y mientras lo hago, siento esa paz de que mis asuntos, mi día, mi vida y la de mi familia están en las manos de la persona correcta.

La ansiedad se vence con oración, porque mi oración no es para impresionar a nadie en cuanto a mi elocuencia. He leído los Salmos muchas veces. Me impresiona mucho la elocuencia de David y los otros autores de Salmos al expresar los males colectivos y personales que vivían, por medio de la expresión poética de los Salmos. Pero tú y yo no requerimos de tanta elocuencia. Esa era la forma de expresarse de ellos y de los tiempos, y tú debes tener la tuya.

Mi tiempo de oración es con reverencia a Dios para acercarme y mantener esa conexión espiritual que tantos anhelan. Así como ves a los salmistas derramar su corazón, también se puede ver la respuesta de Dios que todos ellos expresan con la misma elocuencia y poesía. De esa misma manera, tú vas a sentir la respuesta de Dios en medio de tu tiempo de oración. Tendrás la paz, la seguridad y la calma que anhela tu corazón.

Escoge una hora, un tiempo y un lugar constante para tu oración. Sé fiel contigo misma y no permitas que este tiempo se detenga. Hay personas que oran o van a la iglesia solo cuando los problemas los están ahogando. La mejor manera es siempre congregarte y siempre orar, y créeme cuando te digo que el nivel de ansiedad en tu vida se va a reducir considerablemente. Cuando desarrolles la disciplina de orar a diario, vas a dar fe de lo que te digo. Para mí, comenzar mis días en oración es la manera perfecta; literalmente es comenzar con el pie derecho.

Muchas personas me preguntan si no oro en otro momento de día, y como Pablo, tengo que decir que lo hago sin cesar. ¡Claro que oro en otros momentos! A veces, sucede algo en el día y mi respuesta automática es separarme, orar sobre eso y presentarlo a Dios. La oración, entre muchas cosas, es ese lugar espiritual donde puedes descargar tus presiones para creer que Dios te guarda, te da descanso, te revive, y te permite siempre caminar en tu tiempo perfecto.

Yo creo con todo mi corazón que mejor que cualquier medicamento para aliviar la enfermedad mental de la ansiedad, es el tiempo de oración y simplemente creer en Dios. La oración es un tiempo de sanidad para tu alma y tus pensamientos.

HERRAMIENTA NATURAL: PLANIFICA

La ansiedad puede parecer como la respuesta automática a aquellas cosas que no podemos controlar. Pero cuando tampoco tenemos control de las cosas que sí podemos controlar, la ansiedad se hace mayor, y a veces hasta incontrolable. Por eso creo que no hay mayor causa de ansiedad que el desorden. Los eventos externos que no puedes controlar siempre van a estar ahí, pero para poder trabajar con esos elementos óptimamente en el momento en que aparezcan en tu vida, debes tener una vida de orden que te facilite el tiempo.

Yo creo que hay tres cosas que siempre debes mantener en orden en tu vida: tu entorno, tu tiempo y tu energía. Nuestro entorno es todo lo que tenemos alrededor. En mis "Live" en el grupo de mujeres *Divinas* en Facebook, hablo de esto constantemente. No entiendo cómo puede haber gente que tiene todo regado en su vida. Yo necesito tener las cosas organizadas a mi alrededor para sentir paz.

Algunas dirán: "A mí lo que me quita la paz es tener que limpiar". ¡Por Dios! Ni jugando digas eso. Una vida de orden es una vida que fluye en paz. Si tienes que correr todos los días para salir de tu casa porque no encuentras el celular, los anteojos, las llaves del auto, la cartera… tu vida es un desastre. Así de sencillo. Pero si tienes un lugar fijo para tu celular, tus anteojos, las llaves del auto y tu cartera, tu vida va a fluir con mayor facilidad.

Si tienes que pelear con la ropa en tu closet, pasas más de un minuto encontrando el par de zapatos, y tienes diez carteras y no puedes usar ninguna porque todas están llenas de papeles y cosas, tu vida es un desastre. Pero si tu closet está organizado, puedes ver todo con claridad, y cambiar de cartera es tan sencillo como tomar la que desees hoy, poner tus objetos esenciales y moverlos de una cartera a otra, así tu vida fluye con facilidad.

Tu entorno tiene que estar planificado para que funcione para ti y para que tu vida sea más fácil. Si toda tu casa, tu auto, tu lugar de trabajo están en orden, tu ansiedad se disminuye drásticamente.

Ten tus alrededores en óptimas condiciones de organización, y toda tu vida va a fluir con facilidad. Tener tu vida organizada es tener tu vida planificada para tu beneficio. Por ejemplo, una cartera organizada es una cartera que te permite sentarte y pensar qué conviene tener aquí y cómo es más fácil tenerlo. Una cartera efectiva no es la que tiene de todo, pesa un montón, y a la hora de la verdad lo que necesitas no lo tienes o no lo encuentras. Así mismo es con todos tus entornos. Todo a tu alrededor debe estar planificado para que funcione para ti, tus gustos, tus costumbres. ¡Hay tanto que se improvisa a diario produciendo ansiedad, que con planificación se resuelve!

Otro ejemplo es la comida. Si planificamos, no hay necesidad de tener ansiedad debido a qué vamos a comer o qué vamos a cocinar. ¿Te imaginas la pérdida de tiempo si para cocinar todos los días hay que mirar que hay en la alacena, y decidir ahí en el momento? ¿No crees que es más fácil y más efectivo planificar de antemano? Es decir, escoge tu menú en general, por anticipado, por ejemplo: lunes, sopas; martes, pasta; miércoles, carnes: y así, sucesivamente. Cuando se hace el mercado, ya sabes lo que tienes que comprar. Tienes la variedad que todo el mundo siempre quiere tener, y no dedicas ni un minuto de tu día a pensar qué voy a cocinar o a comer hoy.

Bendito Dios, si el día que siempre haces pasta te dan deseos de comer hamburguesas, pues lo cambias ese día y ya. Pero tener la misma ansiedad todos los días de pensar qué cocinar o comer es algo que sencillamente no tiene sentido para nadie.

Igual pasa con nuestro tiempo. Luego de mi tiempo de oración, lo próximo que hago es planificar mi día. En mi mente voy corriendo mi día, qué tengo que hacer cada hora. De hecho, en mi auto se corre la misma rutina. Todos los días cuando salgo de la casa con Jenibelle y Jillianne, primero oramos y luego ellas siempre dicen: "planes de hoy". Ahí mismo hablamos de todo lo que cada una tiene que hacer cuando salga de la escuela. Ellas comienzan su día también en oración y planificación.

Tu tiempo, a corto y a largo plazo, tiene que estar planificado. Te preguntarás: "¿Pero tengo que planificar absolutamente todo?". Bueno, debes planificar todo lo que esté a tu alcance para que los elementos que no puedes controlar quepan en tu tiempo también. Yo planifico las horas de mi día, los días de mi semana, las semanas de mi mes, los meses de mi año, los años de mis décadas. La planificación reduce la ansiedad porque sabes cuál es el próximo momento que tienes que vivir, ya sea en la próxima hora o en la próxima década. La vida improvisada se puede sentir más relajada en el momento, pero más adelante, cuando mires atrás y veas el tiempo perdido, la ansiedad va a aparecer como quiera y en muchas ocasiones ya no podrás remediar el tiempo perdido.

Lo tercero que debes planificar para disminuir la ansiedad es tu energía. Es posible que antes hayas escuchado de planificar tu entorno y tu tiempo, y hayas escuchado muy poco de planificar tu energía. ¿A qué me refiero con esto? Me refiero a planificar en qué te vas a enfocar, a qué vas a dedicar tu atención. Planifica tu enfoque, mujer. Lo que no esté dentro de tu enfoque no le dediques ni un minuto de tu tiempo ni de tu atención. Si tu enfoque es tu familia, deja de estar pendiente a la familia de los otros; ocúpate de los tuyos.

Como las mujeres tenemos la capacidad de hacer más de una cosa a la vez, sucede constantemente que en lugar de hacer tu trabajo bien, haces el tuyo y andas pendiente y sufriendo el de los otros. Eso es causa de ansiedad y tú no tienes que vivir pendiente de lo que los demás hacen. Enfócate en tus asuntos, en tus prioridades, en tus planes, en tus sueños, y deja que cada quien haga lo mismo. He atendido a cientos de mujeres con el mismo cuento. "Mire, Pastora, es que yo he sido bien efectiva en hacer esto, pero 'esta persona' no ha sido así. Está cometiendo estos errores y no se da ni cuenta". Y mi pregunta siempre es la siguiente: "¿Cómo te afecta?". Siempre me dicen que "les afecta" de tal manera. Y mi pregunta no fue cómo les afecta a los otros. Evidentemente, estás dedicando tu energía a pensar por el otro. La pregunta fue cómo te afecta a ti.

¿Qué haces metida queriendo corregir, dar sugerencias o dirigir la vida de otros? Ayuda a quien puedas ayudar si esa persona te lo pide, no te hace perder el tiempo y te lo agradece. Es más, aun si no te lo agradece, pero como mínimo te lo pide y no te hace perder el tiempo, ayúdala. Pero no enfoques tu energía en asuntos que no te conciernen y que nadie te ha pedido. Esto aplica aún para tus hijos cuando son adultos. ¿Cuántas mujeres tienen su vida y sueños detenidos pensando y sufriendo por los hijos que ya no tienen en el hogar, que ya escogieron su vida y que sinceramente no necesitan que tú estés perdiendo tus minutos y horas tratando de vivir la vida por ellos? Digo esto —me parece que hasta sin decoro y sin tacto— porque lo he visto demasiadas veces, y es lamentable ver cómo tantas mujeres enfocan su energía en los lugares equivocados. Planifica tu enfoque en los asuntos que tienen que ver con tus sueños y aquello que Dios te ha llamado a hacer a ti, no en la vida de los otros.

ORACIÓN Y PLANIFICACIÓN SON LOS ANTÍDOTOS DE LA ANSIEDAD.

TU FÁBRICA DE SUEÑOS ES CONECTARTE
CONTIGO MISMA Y PERMITIR QUE ESA
PUERTA DE TU IMAGINACIÓN SE ABRA PARA
VER MÁS ALLÁ DE TU SITUACIÓN
Y DAR PASO A TU FUTURO.

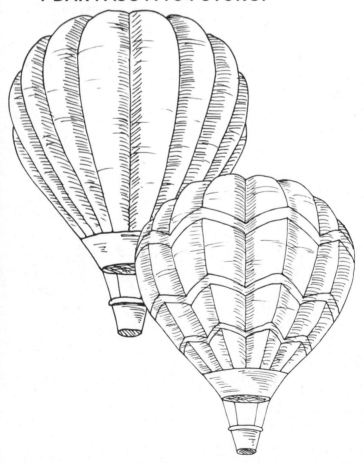

LA DISCIPLINA
NOS MOTIVA

Muchas veces pensamos que la motivación es lo principal para alcanzar los sueños. A la motivación se le adjudican innumerables atributos y muchos la creen indispensable para el desempeño y lograr objetivos. Cuando estamos motivados, nos sentimos inspirados. Sin embargo, cuando no tenemos a nadie que nos motive o cuando simplemente se esfuma ese impulso que nos da la motivación, ¿qué hacemos? Y ese es el problema de la motivación. Hoy puede estar presente y ser la gasolina que me mueve, pero en un abrir y cerrar de ojos puede desaparecer.

En esos momentos no podemos depender de la motivación y tenemos que depender de la disciplina personal. Mientras la falta de motivación te puede tumbar, la disciplina te mantendrá firme y en pie de lucha. La disciplina es el poderoso componente que, sin lugar a dudas, te ayudará a alcanzar todos tus sueños. Sin disciplina no tendrás el avance necesario para realizar tus sueños.

La disciplina no es otra cosa sino hacer lo que debemos hacer, cuando lo debemos hacer. Así sin más, sin pensarlo mucho, ni poner excusas. Mujer, más nos vale ser disciplinadas. Tú tienes la capacidad de controlar, decidir y ejecutar sobre tus acciones, deseos y sentimientos, tal y como te lo has propuesto, sin interrupciones.

La palabra disciplina muchas veces se asocia solamente con represión y castigo. Es posible que hayas crecido con unos padres muy estrictos y la palabra disciplina para ti tenga un significado negativo. Sin embargo, no hay nada más lejos de la realidad. La disciplina no tiene por qué relacionarse con el dolor o la incomodidad. ¡Todo lo contrario!

No hay mayor satisfacción personal que lograr todo lo que te propongas y alcanzar tus sueños, y la disciplina te ayuda a conseguirlo. Si al ser tus padres estrictos contigo la palabra disciplina te producía tristeza y angustia, hoy al aplicar la disciplina para perseguir tus sueños te puede producir alegría, comodidad y felicidad.

Una vida estructurada te impulsa a ejecutar, aunque no tengas ganas de hacerlo. Esto es lo fabuloso de la disciplina. Te ayuda a tomar pequeñas acciones, todos los días, en toda las áreas de tu vida, con el fin mayor de alcanzar gradualmente tus metas. Por ejemplo, si quieres ser una ávida lectora, con disciplina te propones y cumples leer todos los días y así completarás libro tras libro.

Es posible que el desánimo y el cansancio te digan "hoy no abras un libro". Pero la disciplina te dice: "No importa cómo te sientas, hoy y todos los días abriremos ese libro y ejecutaremos". A través de la disciplina lograrás silenciar esas voces de auto sabotaje que tantas veces te han alejado de tus sueños. ¡Vemos consistentemente que las personas más exitosas son sumamente disciplinadas! Este componente es vital en todas las áreas de tu vida, desde las relaciones personales, las actividades recreativas, el ámbito profesional. Todos ellos necesitan la disciplina para avanzar.

La disciplina es un factor crítico en todas las etapas que atraviesas en tu vida. Hay una serie de características que acompañan a una vida disciplinada. Por ejemplo el autocontrol, que es producto de la disciplina, te ayuda a avanzar en pro de tus sueños. La disciplina no permite que las personas ni las circunstancias te controlen.

Una vida de disciplina se caracteriza por la autoconfianza para resolver cualquier desafío que se te presente en el camino. Una mente disciplinada se siente capaz y confiada de que puede, y logrará cumplir sus metas y objetivos.

Una vida de disciplina también es una vida enfocada. La autodisciplina te ayuda a no perder el enfoque en tus sueños. Cuando eres disciplinado, conoces perfectamente las razones que te mueven a actuar alineado a tus sueños.

De esta manera, será más sencillo no distraerte, ni dejarte convencer por excusas.

Finalmente, una vida de disciplina trae satisfacción. La disciplina te ayuda a alcanzar el éxito y sentir ese bienestar y placer que tanto anhelas. Cada vez que actúas en función de tus objetivos, te sientes satisfecha de haberlo logrado. Por muy pequeño que sea el paso que des, la satisfacción estará presente como una recompensa.

La disciplina debe ser un hábito de vida que rige nuestras acciones, de manera que vayamos de manera planificada hacia la realización de nuestros sueños.

EL PODER DE LOS HÁBITOS

La disciplina se transforma en el desarrollo de hábitos conscientes. Por medio de tus hábitos puedes desarrollar un estilo de vida que sea coherente con todos tus sueños. Buenos hábitos alimentarios son coherentes con una vida saludable. El sedentarismo no es coherente con una vida activa. Cuando conoces tus sueños, por medio de la disciplina consigues esos hábitos que tienen congruencia con aquello que estás buscando alcanzar, y no hay manera que no puedas lograrlo.

La disciplina sella los hábitos en ti, porque si tu mente te pide ceder en algún área, tu disciplina va a poner a tu mente a trabajar sin importar el mensaje negativo que te esté llevando. Ya tus pensamientos no te podrán alejar de tus objetivos. Una mente disciplinada reconocerá todas las razones por las que debes hacer lo predispuesto, independientemente de cómo te sientas. De esta manera, poco a poco, tu mente cada vez desarrollará más poder de control y autodisciplina, y estarás más cerca de lograr tus sueños.

El diseño de buenos hábitos te ayuda a alcanzar tus metas u objetivos. Nunca más serás víctima de esas voces que sabotean tu progreso. Con o sin motivación, los buenos hábitos te impulsan a la acción, al movimiento. Los buenos hábitos erradican la inercia de tu vida en donde pasan los días, semanas, meses y años, y nada bueno pasa. Tus acciones van a estar alineadas a tus metas y sueños. Definitivamente, tendrás el control de tu vida y los resultados que tanto deseas.

Yo estoy determinada a compartir con otras mujeres lo mejor de lo que conozco y me da resultado para vivir al máximo y realizar mis sueños, entre todo, mis hábitos. Lo que sé, lo que he aprendido, lo ofrezco continuamente desde mi grupo de Facebook, DIVINAS. A las lectoras de este libro, les hago partícipes de lo siguiente:

HÁBITOS DE UNA DIVINA EXITOSA

Observa: todo lo hacemos por hábito. Detente y examina tus rutinas de mañana, tarde y noche.

Creemos que tenemos los hábitos correctos para cambiar nuestro entorno, pero la realidad es que puede ser al revés… el entorno puede y va a influenciar nuestros hábitos. Por ello, "para cumplir tu propósito en la vida, debes vivir en entornos que liberen tu potencial y liberen la creatividad que Dios ha puesto dentro de ti".[25]

En la psicología, el "hábito" se define como un comportamiento que es repetido de manera consciente o inconsciente, el cual ya forma parte de nuestra vida.

Para que un hábito se forme en una persona, debe practicarlo durante varias ocasiones. Así, tanto el cuerpo como la mente se acostumbrarán a la conducta. Una conducta no se convierte en hábito porque decides comportarte así un día y automáticamente lo haces. Tienes que practicar la conducta repetidamente hasta que se incorpora a tu vida.

Cada persona suele moldear hábitos de acuerdo a su forma de ser y de actuar; esto sucede por las influencias que ha recibido en los medios y en el entorno social. Uno de los objetivos de crear hábitos puede ser automatizar tu vida.

Los buenos hábitos son todos aquellos que posibilitan nuestro crecimiento, nos permiten mejorar, madurar, alcanzar objetivos y todas las metas propuestas.

Los malos hábitos son todos aquellos que limitan el desarrollo, los que no te permiten llegar a ser un mejor tú y los que no te dejan revelar tu verdadero ser.

---

25. Roberts, Touré. *Propósito del despertar* (p. 31). FaithWords, versión Kindle.

CÓMO EVITAR O ERRADICAR LOS MALOS HÁBITOS

La satisfacción inmediata es el principal motivo, por lo cual resulta muy fácil adquirir todo tipo de malos hábitos. Al principio, estos pueden resultar muy atractivos.

PIENSA… Todos los hábitos negativos vienen de las relaciones equivocadas.

Estos son algunos ejemplos:

1. Fumar, beber, amanecerse
2. No estudiar
3. Expresarte incorrectamente
4. Ser terca

Las relaciones tóxicas producen hábitos tóxicos.

TE ACONSEJO:

1. **No te asocies con las personas equivocadas.** *"No se dejen engañar*: «Las malas compañías corrompen las buenas costumbres»" (1 Corintios 15:33, NVI).

2. **Sé tú misma.** Que solo Dios sea tu Dios… hay personas que endiosan a otros y los idealizan tanto que quieren ser ellos, y no ellas mismas. Tratar de ser alguien que no eres es un trabajo duro y agotador, y en última instancia, siempre vivirás con el miedo de que los demás te descubran. Las relaciones más gratificantes en la vida son al lado de

personas que te aprecian por lo que eres, no por quien desean que seas.

3. **No te mientas a ti misma.** El día que te digas a ti misma lo que está mal y lo que está bien vas a poder tener éxito. No todo es malo, y no todo es bueno. La honestidad es la mejor política, y ser honesto con uno mismo es la parte más importante de esta política. Cuando te mientes a ti misma, tú, en el fondo, lo sabrás, así que es mejor ser sincera con la persona más importante de tu vida: contigo misma.

4. **Acepta el hecho de que puedes cometer errores.** "Errar es de humanos, perdonar es divino". Todos cometemos errores, y nadie es perfecto. La única manera de que no cometamos errores es no haciendo nada; y las personas que tienen miedo de los errores a menudo viven paralizadas por el miedo. Cuantas más cosas evites por miedo a fallar, más cosas terminarás lamentando.

5. **No esperes hasta que estés "lista".** Algunas personas no empiezan nada porque siempre les falta algo. La vida siempre va a encontrar la manera de sorprenderte. Las oportunidades surgen cuando menos te lo esperas. Nunca se puede estar listo, pero no dejes que esto te detenga. Cuando una oportunidad llegue a tu vida sin llamar, tómala. Cuando tengas que hacer algo, hazlo. No te quedes en un "después".

6. **La autocompasión y las quejas no te llevarán a ninguna parte.** Revolcarte en tu propia miseria y quejarte constantemente no resolverá tus problemas. Considera encontrar lo bueno y positivo en cada experiencia que vives en tu vida, así haya sido mala. Te darás cuenta de que las dificultades son solo una cuestión de perspectiva.

7. **La perfección es imposible.** Nada ni nadie es perfecto, y las personas perfeccionistas suelen ser, en su mayoría, algunas de las personas más frustradas del mundo.

ESTE ES EL CICLO DE LOS HÁBITOS. UTILÍZALO PARA CREAR BUENOS HÁBITOS.

1. **Señal:** Eso que activa tu comportamiento o hábito. Algo que te recuerda que ya es momento de realizar el hábito. Ejemplos: horario, temporada, alarma.

2. **Rutina:** El hábito en sí y los pasos que lo encierran.

3. **Recompensa:** Lo que obtienes a cambio de realizar el hábito y que le brinda a tu mente una especie de premio.

¿QUÉ REFUERZA LOS BUENOS HÁBITOS?

1. Anhelar o tener ese antojo por esa recompensa desde antes que comencemos con el hábito.

2. Crear pequeñas victorias. Las pequeñas victorias sugieren que para tener cierto tipo de éxito o logro, puedes realizar una serie de victorias, ya sea a lo largo del día o de un periodo de tiempo, para que afiances un buen hábito tras el otro.

¿QUÉ HÁBITOS NECESITAS EN TU VIDA?

1. Toma una hoja de papel y crea una estructura de tu día ideal, donde incluyas las actividades que llevarías a cabo, junto con su hora del día.

2. Termina el día sintiendo que avanzaste en tus proyectos, metas y sueños.

3. Eres un ser humano, no una supercomputadora. Si quieres que las horas te rindan, tienes que darle a tu cuerpo los recursos necesarios para que llegues al final del día sin sentirte como un costal de papas.

4. Duerme, porque los estudios han demostrado que, entre otras cosas, tomar descansos mejora la habilidad para enfocarse en el trabajo.

5. Come bien, porque una mala alimentación también influirá negativamente en tu concentración, enfoque y otras tareas cognitivas.

6. Haz ejercicios, porque se ha demostrado que un aumento en la actividad física aumenta también tus habilidades cognitivas.

7. Ponle límites a tus distracciones. Sé consciente de esa lista que nunca has hecho… Aquellas cosas o comportamientos adictivos que te roban el tiempo y a los que recurres fácilmente cuando tienes pereza de hacer algo.

LA FUERZA DE VOLUNTAD

Nada va a funcionar relativo a formar un hábito si no ejerces la fuerza de voluntad. ¿Sabías que la fuerza de voluntad es finita? Es como una batería. Al principio del día está más cargada, pero conforme tomas decisiones, se va desgastando. Debes usarla sabiamente. Para hacerla un hábito, asegúrate de hacer un plan de cómo adoptarás un hábito nuevo, y qué harás cuando las cosas se pongan difíciles o se metan obstáculos en el camino.

LA DISCIPLINA TE AYUDA A NO PERDER EL ENFOQUE EN TUS SUEÑOS.

11

TU CÍRCULO DE SOÑADORAS

Es ampliamente conocido que una de las mejores maneras de mejorar una habilidad es practicarla con alguien que sea mejor que tú. Esto aplica generalmente a los deportes como esquí o jugar al tenis. Sí, tendrás que trabajar más duro, pensar más rápido y aprender más fundamentos para igualarte a quien de una forma positiva te pone la presión de hacer algo mejor. Esta idea de jugar con alguien mejor que tú se traduce muy bien en tus éxitos personales y profesionales también, y es por eso que es importante rodearte de personas que son ganadoras.

Muchos empresarios aspiran a ser la persona más inteligente en la sala en cada tema. Pero si siempre eres la persona más inteligente, en realidad te estás limitando. Esta mentalidad nos lleva a rodearnos de personas que no van a impulsarnos a nuestro futuro, más bien, van a retrasar nuestro progreso.

En una ocasión, un agente de bienes raíces recomendó a un familiar que iba a comprar una casa en un lugar privilegiado, que de hacerlo, si compraba la casa más pequeña, tendría la mayor de las ganancias. Las otras propiedades y casas, con más pies cuadrados y más lujos, solo iban a tener el efecto de aumentar el valor de dicha propiedad. De repente, yo pensé, "si vivo en la casa más pequeña me sentiría desventajada". Pero el agente de bienes raíces tenía razón. El valor de las otras propiedades aumentaría el de la propiedad pequeña sin las mismas ventajas.

En la vida cotidiana, algunas mujeres optan por tener amistades que no les pongan presión. Me refiero a que, igual que algunos empresarios, o en el asunto de los bienes raíces, muchas veces preferimos personas a nuestro alrededor sobre las que nos sentimos que hemos alcanzado más que ellas o que hemos tenido mejores resultados. A veces, queremos ser el más inteligente en el grupo, o tener la propiedad más cotizada. Eso nos lleva a mantenernos dentro de una zona de comodidad que no nos va a permitir superarnos, y nos va a impulsar a conformarnos.

La vida es retadora: no siempre ganamos, y siempre habrá obstáculos y detractores en nuestro camino hacia el éxito. Durante esos momentos, nada se siente mejor que tener a alguien con quien compartir tus miedos y dudas:

amigos y mentores que no solo te escuchan, sino que también te animan a ser lo mejor que puedes ser. Sinceramente, en momentos oscuros, mirar hacia arriba para muchos significa solo ver a Dios. Para mí, muchas veces ha sido Dios mostrándome a otros que, a pesar de retos y circunstancias negativas, se han superado y han alcanzado sus sueños.

Ya sea que nos demos cuenta o no, nos convertimos en las personas con las que pasamos más tiempo. Comenzamos a comportarnos como ellas, a pensar como ellas, a parecernos a ellas, hasta tomamos decisiones basadas en lo que creemos que querrían que hiciéramos.

Por ejemplo, hay muchos resultados de investigaciones que demuestran que tenemos más probabilidades de aumentar de peso si un amigo cercano o un miembro de la familia tienen sobrepeso. Del mismo modo, es más probable que participemos en un programa de ejercicios si nos rodeamos de personas aptas y orientadas a la salud.

Yo amo la gente que me reta. Yo amo la gente que ya ha alcanzado lo que aspiro a hacer. Yo amo los círculos en donde sé que tengo mucho que aprender.

Cuando nos encontramos con esas personas que nos retan, en ocasiones, al sentir frustración, los alejamos. En realidad, lo que debemos es sentirnos motivadas. Cuando veo y conozco a alguien que ha llegado a lugares, o ha alcanzado sueños que aspiro alcanzar, no me siento frustrada. La verdad es que me siento retada, y ese sentimiento me motiva, me inspira y me mueve.

Encuentra y concéntrate en las relaciones con aquellos que pueden compartir tus triunfos y logros. La vida se desperdicia cuando nos rodeamos de personas que no nos invitan a hacer lo mejor que podamos y a sacar lo mejor de nosotras.

Es hora de repensar cómo usamos nuestras redes sociales. Es hora de enfocarte en tus relaciones de la "vida real" y analizar cada una de ellas. ¿Te inspiran? ¿Te retan? ¿Te motivan a ser mejor?

Las redes sociales de hoy en día a menudo pueden ser interpretadas como la confirmación de lo que no podemos hacer, no hemos hecho o no creemos que podamos lograr. Si vieras todo lo que sucede detrás de cada escena que parece perfecta, te darías cuenta que en muchos hay mucho trabajo, esfuerzo y, generalmente, círculos de personas que impulsan y no retrasan.

Igual tienes que repensar las personas con las que pasas tiempo y permites que te influencien. Analiza tus círculos. ¿Te hacen sentir y pensar positiva? ¿Te inspiran y motivan a ser la mejor versión de ti misma? ¿Te apoyan y alientan a lograr tus objetivos? ¿O te dicen que "no se puede hacer", "no es posible", "no eres lo suficientemente bueno", "lo más probable es que fracases"?

No toleres a nadie a tu alrededor que te haga sentir menos o te dice que no puedes alcanzar lo que te has propuesto. Si te sientes emocionalmente agotada por personas en tu vida, ya es hora de sacarlas de tu vida y dar lugar a quienes van a contribuir con tu futuro y tus sueños. Desintoxica tu vida y deshazte de las relaciones que no te están sirviendo de manera positiva.

Rodéate de un círculo de soñadoras. Busca mujeres que, como tú, quieran alcanzar sus sueños. Tú las motivas a ellas. Ellas te motivan a ti.

Tus relaciones y tus círculos más cercanos son una clave muy importante del caminar en pos de tus sueños y los sueños de Dios para ti. Ten la valentía de eliminar a las personas negativas de tu vida y observa cómo se renuevan tus fuerzas, y tu entusiasmo florece automáticamente. Dejar las relaciones que no te sirven es un paso crítico si quieres alcanzar tus sueños.

Hablo de mis amigas en muchos contextos. Tengo muchas amigas. Algunas me retan demasiado. A algunas me toca empujarlas y ser yo quien las motive. En ambos círculos conozco mi lugar. A aquellos que tengas que motivar e impulsar, ¡gloria a Dios por ellos! Bendito Dios que te permite mover a alguien a ser mejor persona. Pero nunca olvides que necesitas a quienes van a poner en ti la presión de moverte. Todos necesitamos gente que nos impulse a salir de nuestra zona de comodidad y nos ponga delante de nuestros sueños, para correr por ellos hasta alcanzarlos.

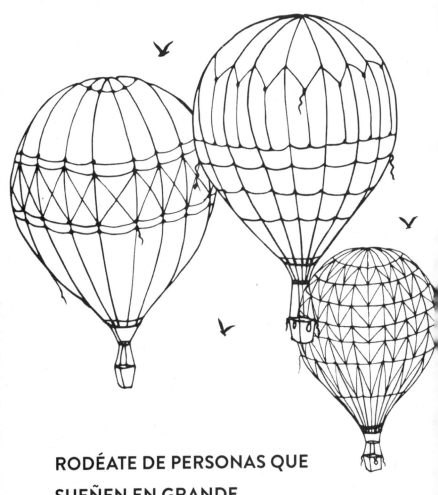

RODÉATE DE PERSONAS QUE SUEÑEN EN GRANDE, TE INSPIREN Y TE ALIENTEN A SOÑAR.

ACTÚA HACIA TUS SUEÑOS ¡SIN EXCUSAS!

Supera tus propios límites es el subtítulo de este libro, y no es casualidad. Encierra el mensaje que he estado llevándote a través de estas páginas. Si te has impuesto límites, supéralos; no temas, déjalos atrás.

Miles de mujeres sueñan. Unas tienen sueños pequeños porque no creen que pueden aspirar a más. Otras mujeres se atreven a soñar en grande. Sin embargo, tanto unas como otras aplazan el cumplimiento de sus sueños con justificaciones que, analizadas, reflejan su inseguridad de si serán merecedoras de llegar a donde desean, si Dios querrá o no querrá algo tan grande para ellas, si no estarán soñando con "lo imposible"… y ahí quedan: en un sueño.

Dios no te da un sueño sin darte la capacidad de hacerlo realidad. Tus sueños son los sueños de Dios para ti. Tú tienes que encargarte de escribir un plan de acción (¿recuerdas a Habacuc 2:2-4?) y hacer lo que te corresponde; lo que es posible para ti. Lo que parece imposible le corresponde a Dios. Él es quien te da el favor ante los demás y ante toda situación. Él es quien abre las puertas correctas, esas que tú no puedes abrir con tu propio esfuerzo. Él es quien pone la Palabra correcta en tu boca cuando lo necesitas. Él es quien trae a tu vida las personas precisas.

Tú eres responsable de ver lo que Dios pone ante ti más allá de tus ojos naturales, coordinarlo con tu visión y moverte hacia ver tus sueños convertirse en realidad. Y eres llamada a ser firme ante toda adversidad y mantenerte creyendo en tu sueño. En los momentos cuando la duda te asalte porque encuentres obstáculos al trabajar en tu sueño, recuerda que el que te dio la promesa, la va a cumplir. Piensa en todos los grandes héroes de la Biblia que tuvieron sueños mucho mayores que el tuyo y pasaron procesos que, a fin de cuentas, les dieron sabiduría para administrar su sueño.

Cree en tu sueño y toma acción sobre él por encima de toda circunstancia y de todos los que opinan sin que les preguntes. Mientras más grande sea tu sueño, más es un sueño de Dios porque servimos a un Dios de sueños grandes. Y cuando tu sueño se haga realidad, no te eches a "dormir" porque lo lograste. Te corresponde mantenerlo vivo, administrarlo, extender su bendición, engrandecerlo sin límites… porque los sueños de Dios son sueños con propósito para ti y para todos aquellos a tu alcance.

HOY ES EL TIEMPO, Y EL MOMENTO DE
CUMPLIR TUS SUEÑOS ES AHORA.

ACERCA DE LA AUTORA

Omayra Font es la mujer realizada que ha luchado por sus sueños, y continúa soñando en grande, no solo para sí, sino para su matrimonio, sus hijas, su ministerio y las mujeres a quienes predica y apoya.

Conoce lo que es enfrentar y vencer adversidades, y mantenerse firme en el Señor ante toda situación. Empresaria exitosa de paso firme y sabiduría financiera, ha logrado el balance entre ser una esposa solidaria y alentadora, una madre amorosa y dedicada, y una mujer de Dios cuya primera prioridad es su ministerio pastoral.

Mujer, sueña es el segundo de una serie de libros de bolsillo (el primero es *Mujer, valórate*) que nació en el corazón de la autora, siguiendo su visión de ayudar a las mujeres a desarrollarse al máximo. En esa misma línea se destacan su grupo privado de Facebook, *Divinas Pastora Omayra Font*, y sus *webinars* de enseñanza y motivación. Sus mensajes se escuchan a través de las ondas radiales de Pura Palabra Media en Puerto Rico y Orlando, Florida, y en Internet por purapalabra.com.

Es la esposa de Otoniel Font, y madre de Joanirie, Janaimar, Jenibelle y Jillianne. Es pastora de las iglesias Fuente de Agua Viva en Puerto Rico y Orlando, Florida; y fundadora y directora de Fountain Christian Bilingual School. Reside en Puerto Rico junto a su familia.